Paul de Lagarde

Über das Verhältnis des deutschen Staates zu Theologie, Kirche und Religion

ein Versuch Nicht-Theologen zu orientieren

Paul de Lagarde

Über das Verhältnis des deutschen Staates zu Theologie, Kirche und Religion
ein Versuch Nicht-Theologen zu orientieren

ISBN/EAN: 9783743455429

Hergestellt in Europa, USA, Kanada, Australien, Japan

Cover: Foto ©Lupo / pixelio.de

Paul de Lagarde

Über das Verhältnis des deutschen Staates zu Theologie, Kirche und Religion

Ueber

das verhältnis des deutschen staates zu theologie, kirche und religion.

ein versuch nicht-theologen zu orientieren

von

Paul de Lagarde,

doktor der theologie und philosophie,
ordentlichem professor in der philosophischen fakultät der universität Göttingen.

Göttingen

1873

Dieterichsche verlagsbuchhandlung.

Die vorliegende abhandlung ist in ihren grundzügen im sommer 1859 niedergeschrieben worden, und im october desselben jahres in beschränkter weise an die öffentlichkeit getreten. sie sollte 1867 für einen größeren leserkreis gedruckt werden, als kurze zeit lang der luxemburger handel hoffen ließ, daß Deutschland gelegenheit haben werde sich zu einigen. wenn jetzt endlich diese blätter, natürlich unter hinzufügung der auf die neuesten ereignisse sich beziehenden abschnitte, und außerdem unter stärkerer hervorhebung der person Iesu, sich in eine ihren grundanschauungen durchaus feindliche welt hinauswagen, so geschieht es nicht sowol in der annahme, daß mehr als hier und da ein einzelner durch sie werde umgestimmt werden, als in dem bewußtsein, daß es in so ernsten und entscheidenden zeitläuften, wie die unsrigen, pflicht ist, das klar erkannte und lange zeit hindurch geprüfte andern auch in dem falle mitzuteilen, daß sie nicht überzeugt, sondern nur angeregt, ja selbst in dem, daß sie dadurch in ihrer bisherigen ansicht bestärkt werden. die schrift ist durchaus eine politische: theologische schulweisheit ist als nicht-theologen nur verwirrend geflissentlich vermieden: daß der verfasser nicht ganz ohne gelehrte kenntnis der einschlägigen materien ist, wolle man aus dem verzeichnisse seiner übrigen schriften entnemen. er bittet um gottes willen, von seiner person und allen andern nebenpunkten völlig abzusehn und nur die sache auf ja oder nein ins auge zu fassen, und stellt alles weitere dem anheim, in dessen dienste er gearbeitet hat und weiterhin zu arbeiten gedenkt.

Göttingen zu weihnachten 1872.

lutherischen als in der unierten theologie wahrheitsmomente enthalten sind, so würde sie ein viertes, höheres system zu bilden suchen, das die wahrheitsmomente aus den bisherigen systemen vereinigte. das friedliche nebeneinanderbestehn von fakultäten der katholischen, lutherischen und unierten theologie und die lange dauer dieses nebeneinanderbestehens beweist, daß sie alle drei zur wissenschaft kein verhältnis haben. hätten sie es, so würden sie sich untereinander die existenzberechtigung absprechen, wie die Copernicaner den anhängern des Ptolemaeus die existenzberechtigung absprechen. sie würden sich auf Eine form vermindern, wie Ptolemaeus und Tycho Brahe dem Copernicus endgültig haben weichen müssen.

wäre die friedfertigkeit der drei gruppen vielleicht als eine wirkung des strafgesetzbuches anzusehn, den wissenschaftlichen beweis und dessen folgen hemmt kein strafgesetzbuch. wenn der staat erzwingen kann, daß Copernicus und Tycho Brahe sich nicht die ehre abschneiden, das kann er nicht verhindern, daß ersterer den letzteren mit gründen widerlegt und alle urteilsfähigen auf seine seite zieht.

Die professoren der theologie sind sammt und sonders durch den von ihnen bei erwerbung der licentiatur geleisteten eid und die verpflichtung auf die statuten ihrer fakultät — falls sie katholiken sind, auch noch durch den priestereid — in betreff der methode ihrer untersuchung und das schließliche resultat derselben, gleichviel ob in milderer oder strengerer weise, gebunden. lassen nicht selten die statuten von fakultäten der protestantischen theologie und an einigen universitäten auch, wenn gleich in geringerem maße, die bei der promotion von licentiaten üblichen eidesformeln durch ihre unklarheit und vermutlich absichtlich vieldeutige fassung der auslegung einen gewissen spielraum, so werden wenigstens in den fällen, wo jene vieldeutigkeit nicht eingestandener maßen von den gesetzgebern beabsichtigt ist, nur die weniger empfindlichen gewissen von dieser, übrigens auch nur sehr mäßigen freiheit gebrauch machen, und immer noch mindestens gezwungen sein, lutherisches oder uniertes christentum zu lehren.

die wissenschaft weiß am anfange ihrer untersuchungen nie, wo dieselben enden werden: sie lehnt durchaus ab, sich im voraus die flügel binden und den zielort ihres fluges angeben zu lassen. theologen, welche irgendwie in betreff der resultate und der methode ihrer arbeiten verpflichtungen eingegangen sind, haben kein recht sich als diener der wissenschaft anzusehn.

Schließlich haben alle theologischen fakultäten Deutschlands rechtlich oder tatsächlich die bestimmung geistliche für die konfession auszubilden, der sie angehören: sie sind mithin durch die bedingungen selbst gebunden, unter denen die priesterweihe oder die ordination erteilt wird. sie dürfen nur ansichten vertreten, welche den bei ihnen studierenden gestatten, das glaubensbekenntnis von Trient oder die ordinationsgelübde abzulegen. würde diese vorbedingung der weihung zum priester oder der ordination durch das von den fakultäten vorgetragene unmöglich, so würden sie ihre bestimmung nicht erfüllen, geistliche bestimmter konfessionen auszubilden.

Aus dem gesagten ergibt sich, daß die theologischen fakultäten unsres vaterlandes anstalten sind, welche das wissen um die katholische, lutherische, unierte religion mitzuteilen haben: sie berichten. wo mehr geschieht, ist das system an diesem mehr unschuldig.

der objektive wert dieser fakultäten wird darum in dem werte der konfessionen beruhen, denen sie sich verpflichten und für welche sie arbeiten.

daraus folgt für uns die nötigung uns mit diesen konfessionen zu beschäftigen, wenn wir uns ein urteil über die jetzt vorhandene theologie sollen erlauben dürfen.

II.

Der protestantismus ist eine historische bildung, welche nur aus dem studium des sechszehnten, nicht aus der öffentlichen meinung des auf die neige gehenden neunzehnten jahrhunderts richtig beurteilt werden kann.

Es ergibt sich aus den schriften der reformatoren und den symbolischen büchern der lutherischen wie der reformierten kirche unwiderleglich, daß der protestantismus das sein wollte, als was wir ihn auch heute noch bezeichnen, eine reformation, daß er also die katholische kirche im wesentlichen anerkannte und bestehn ließ und nur mißbräuche abstellte.

die katholische kirchenlehre blieb in allem, was sie von gott, Christo und dem heiligen geiste aussagte, also in allem, was dem modernen bewußtsein am anstößigsten ist, von der reformation unangetastet. der streit zwischen den protestanten und der kirche drehte sich lediglich um die art und weise, in welcher die durch Iesum Christum, den eingeborenen sohn gottes, vollzogene erlösung des menschengeschlechts von der sünde und deren strafen angeeignet wird, und um gewisse einrichtungen, durch welche die den reformatoren für die richtige geltende aneignung dieser erlösung erschwert wurde und die man daher protestantischer seits abzuschaffen sich gedrungen fühlte.

Wer diese sätze glaubt beanstanden zu müssen, möge nur die in aller händen befindlichen beiden wichtigsten katechismen der reformation, den kleinen lutherschen und den heidelberger, ansehn, außerdem die schlußworte des ersten teiles der augsburgischen konfession lesen, und bedenken, daß die drei ältesten symbole der katholischen kirche, das apostolische, nicaenische und athanasische glaubensbekenntnis, von den reformatoren und ihren kirchen ausdrücklich als das eigne bekenntnis anerkannt wurden. aus dem zusammenhange gerissene, für bestimmte veranlassungen berechnete, noch dazu beliebig aus jeder epoche der bewegung ausgewählte privatäußerungen der einzelnen reformatoren beweisen für gewissenhafte menschen gar nichts, wo mit vollem bedachte, unter beirat der hauptsächlich beteiligten abgefaßte urkunden vorliegen, die entweder dem kaiser zur kenntnisname überreicht oder den gemeinden zur belehrung und zum unterrichte in die hand gegeben worden sind, also jedenfalls das enthalten, was die reformatoren selbst als den durchschnitt des von ihnen und ihren anhängern gelehrten und geforderten ansahen.

Einige weitere betrachtungen mögen das gesagte bestätigen.

Für Deutschland ist Luther der träger und typus der reformation: von ihm wird daher im folgenden ausschließlich die rede sein. Zwingli und vollends Calvin sind völlig von Luther verschieden, und ihre kirchen in den für die reformation in Deutschland eigentlich entscheidenden zeiten ohne einfluß, und zwar so sehr ohne einfluß, daß der gebildete mittelstand unsrer tage vermutlich in verlegenheit sein würde, wenn man ihm zumutete reformierte landschaften unsres vaterlandes aufzuzählen.

Soviel ist außer frage, daß zunächst gewissensnöte Luthern zu dem getrieben haben, was er getan. der ablaßkram legte ihm als beichtiger und als seelsorger die pflicht auf so zu handeln, wie er gehandelt.

jedes gewissen nun erhält seine bestimmtheit durch sein verhältnis zu der sittlichen anschauung einer gemeinschaft. das der Chinesen und Botokuden ist ein anderes, als das der Franzosen, und unter den Franzosen hatten Arnauld und Pascal ein anderes, als die roués am hofe des regenten. das gewissen steht nie und nirgends auf Einer stufe mit der fähigkeit zu essen, zu trinken und zu verdauen, welche jeder mensch von natur mit sich hat: das gewissen ist nur da in geschichtlich gewordenen zuständen, unter dem einflusse des geistes der epoche, den es eben dadurch im ganzen anerkennt, daß es ihn in einzelnen punkten bekämpft. gewissensbedenken empfindet der mensch stets nur bei einem konflikte, in welchem ihm heilige pflichten mit andern ebenso heiligen in kampf geraten: das gewissen ist nichts als die fähigkeit zu solchem konflikte. daraus folgt, daß vom gewissen und seiner freiheit stets nur da die rede sein kann, wo pflichten und zwar in ein system zusammengefaßte pflichten anerkannt werden. Luthers auflehnung gegen seine kirche im punkte des ablasses, des mönchtums, des meßopfers hatte die anerkennung der kirche und der kirchenlehre in allen übrigen stücken zur voraussetzung und zur bedingung. gerade darum lag ein konflikt vor, weil eine gemeinschaft, welcher man sich sonst beugte, bekämpft werden mußte. weil Luther seine pfarrkinder, welche er im auftrage der kirche und im einverständnisse mit ihr zu gott zu leiten angestellt war, durch die schuld der kirche selbst zu gott zu leiten verhindert wurde, darum lehnte er sich auf. es ist der reformation in keinem ihrer anerkannten vertreter eingefallen, aus dem rahmen des christentumes, und zwar des in geschichtlicher entwickelung bestimmt gestalteten christentumes herauszutreten: sie bekämpften, was sie bekämpften, als entstellung einer zu recht bestehenden, unbedingt anerkannten bildung.

und, um dies beiläufig auszusprechen, nur weil dem so ist, kann von einer union der protestantischen genossenschaften die rede sein. sie sind einig in allem, worin sie auch mit der katholischen kirche einig sind, und sie sind zweitens einig in der ablehnung gewisser lehren, forderungen und ansprüche der katholischen kirche, uneinig hingegen in der motivierung dieser ablehnung und uneinig in der auswahl des abzulehnenden, natürlich auch uneinig in der aufstellung des dogmatischen systems.

Nun hat die wissenschaft (wenn hier so vornehmer ausdruck gestattet ist) die behauptung aufgestellt, die reformation — man pflegt auch an die Zwinglis und Calvins bei dieser behauptung mit zu denken — habe zwei principien gehabt, das formale und das materiale. nach jenem wird (so sagt man) keine andere erkenntnisquelle für die christliche religion statuiert als die bibel, nach diesem wird die rechtfertigung des menschen vor gott allein durch den glauben an Christum bewirkt.

so viel dürfte man leicht zugegeben erhalten, daß diese principien nicht die treibende kraft der reformation gewesen sind. Luther und Zwingli haben was sie getan, nicht principien zu liebe, sondern aus herzensbedürfnisse, einer pflicht folgend getan. jene beiden sogenannten principien sollen also nur die formeln liefern, durch welche man sich einen vorgang erklärt, der nicht diesen formeln, sondern einem ethischen motive seine entstehung verdankt. es sind schulausdrücke, mittelst derer bequeme gelehrte sich mit dem leben und dessen schwerer kenntnis abfinden wollten.

folgt nicht aus der zweiheit dieser principien, daß das wort princip hier nicht in dem sinne gebraucht ist, in welchem es in der wissenschaftlichen sprache gewöhnlich verwendet wird? ein principium kann nur Eines sein.

es ist weiter klar, daß wissen und wissenschaft überall nur da ist, wo die gewöhnlichen denkgesetze angewandt werden und angewandt werden können. eine besondere erkenntnisquelle braucht gar nicht ausdrücklich genannt zu werden, wenn die sachen im gewöhnlichen verlaufe behandelt werden. es fällt niemandem ein, aus Buffon und Linné belehrungen über die assyrische oder deutsche geschichte zu holen. benachrichtigungen über die quellen, aus denen zu schöpfen ist, läßt der lehrer einem schüler zukommen, wenn dieser die erforderliche litteraturkentnnis und -übersicht noch nicht hat. dabei kann es sich treffen, daß er einen nachweis darüber gibt, daß gewisse documente entweder ganz und gar gefälscht oder mit unrichtigen angaben — absichtlich oder unabsichtlich — versetzt, oder daß sie von andern abhängig und darum als selbstständige zeugnisse nicht zu verwenden seien. in solchen untersuchungen redet aber kein vernünftiger mensch von einem formalen oder erkenntnisprincipe. soll dieser ausdruck von der reformation gebraucht einen einigermaßen verständigen sinn haben, so muß dieser sinn ein polemischer sein. wie man etwa sagen kann, man lehne bei dem studium der geschichte des staufischen zweiten Friedrich die diurnali des Matteo di Giovenazzo ab, weil dies angeblich jenem kaiser gleichzeitige werk eine fälschung des sechszehnten jahrhunderts ist, so kann man sagen, man wolle in einer theologischen streitfrage kein andres document als beweiskräftig zulassen, als das neue testament, da was sonst an quellenschriften vorhanden, nicht unbedingt echt und authentisch sei. gewissermaßen ähnlich ist es, daß das concil von Trient festgesetzt, alle dogmatischen streitfragen seien aus der lateinischen kirchenübersetzung zu erledigen, weil dogmen als mehr oder weniger zur seligkeit notwendig zu wichtig seien, als daß anzunehmen wäre, zu ihrer feststellung bedürfe es irgend welcher düfteleien aus dem urtexte, weil vorauszusetzen, daß die amtliche übersetzung so wichtiges verkannt habe, ein nicht verstatteter unglaube an göttlicher welt- und kirchenregierung sei. so meinte die reformation, daß in den zwischen den protestierenden und der herrschenden kirche streitigen fragen die erörterung genügend durch das zurückgehn auf das nach den regeln der grammatik ausgelegte neue testament geführt werden könne. daß nebenbeweise gelehrteren kreisen aus andern documenten gegeben wurden, wie die sogenannten magdeburger centuriatoren und was ihnen folgt die kirchenväter mit mehr oder weniger gelehrsamkeit im protestantischen interesse durcharbeiteten, beweist gewiß die richtigkeit der oben gegebenen ansicht. das formale princip ist zunächst nur für die gerade vorliegende controverse aufgestellt worden und sollte zur vereinfachung des verfahrens dienen: lehren, welche im direkten widerspruche mit dem von der katholischen kirche anerkannten neuen testamente standen, konnten in der kirche nicht berechtigt sein, weil sie sonst sich selbst widersprochen haben würde.

es kann nicht geleugnet werden, daß das princip zeitig in einer wenig überlegten weise verallgemeinert worden ist: die anwendung desselben auf alle teile der christlichen glaubens- und sittenlehre war, wenn auch vielleicht im sinne, so gewiß nicht im interesse der reformatoren. jetzt wenigstens steht unweigerlich fest, und ist jedem, der sich nicht absichtlich gegen die wahrheit verstockt — vorausgesetzt, daß er die zum urteilen nötigen vorkenntnisse besitzt —, leicht nachzuweisen, daß im neuen testamente weder die kindertaufe, noch die (sogar in unsern symbolischen büchern behandelte) sonntagsfeier, noch die freiheit der christen von dem angeblich von gott gegebenen sogenannten mosaischen gesetze, noch die dreieinigkeit gelehrt wird, also sätze fehlen, welche den reformatoren zu den grundartikeln christlichen glaubens und lebens gehörten: wie denn protestantische sekten, welche das formale princip der reformation so weit ausdehnen, daß sie das neue testament oder die ganze (doch wahrlich verschieden genug begrenzte) bibel als alleinige quelle des dogmatischen und religiösen wissens betrachten, als baptisten die kindertaufe, als unitarier die dreieinigkeit auf grund der schrift bestreiten, und wie sehr viele Engländer in betreff einer größeren oder kleineren anzahl jüdischer gesetze einem mehr oder weniger consequenten aberglauben verfielen: es genügt zum beweise dieses satzes an den englischen sabbath zu erinnern.

Wenn jemand, der nicht geradezu der untersten klasse der bildungsbedürftigen angehört, Lessings werke zu kaufen wünscht, pflegt er sich zu sagen, daß die von Lachmann und Maltzahn besorgten ausgaben dieser werke den abdrücken vorzuziehen sind, welche dunkle ehrenmänner ohne sich zu nennen zum besten ihrer börsen mit möglichst wenig aufwand an fleiß und kosten mehrfach veranstaltet haben. es ist damit gesagt, daß sammlungen von schriften nicht von selbst zusammenlaufen, wie wasser an einem tiefsten punkte, daß sie besorgt werden, und daß der dem besorgenden eigene größere oder geringere grad von zuverlässigkeit und umsicht den wert der sammlung größer oder geringer macht. sollte es nicht an der zeit sein, sich über die art rechenschaft zu geben, wie das neue testament (das doch auch eine sammlung) zu stande gekommen ist? wer hat es gesammelt? welche grundsätze waren für die auswahl der aufgenommenen bücher maßgebend? sollte alles hinein, was man an christlicher litteratur besaß? oder aber nur apostolisches? war die sammlung lokal? stets gleich umfänglich? gehörte sie dem ersten oder dem zweiten jahrhunderte an? niemand, der das neue testament braucht, hat ein recht, diese fragen unbeantwortet zu lassen, es sei denn, daß er einer bestimmten gemeinschaft angehört, deren ansehn ihm die beantwortung jener fragen erspart. es konnte einem Preußen gleichgültig sein, wie die leute hießen, welche an dem preußischen landrechte mitgearbeitet, ob sie ihren stoff älteren gesetzbüchern entnommen oder nicht, ob er systematisch untadelhaft geordnet ist: es genügte, daß jenes landrecht in dem staate, welchem jener Preuße angehörte, zu rechte bestand, und daß die untertanen in den meisten altpreußischen landschaften sich nach diesem landrechte richten lassen mußten.

wenden wir das auf das neue testament an, so erhellt, daß es all sein ansehn nur von der gemeinschaft erhalten hat, die es zusammenstellte und sich seiner zuerst bediente. damit ist aber das formale princip der reformation in der fassung, in welcher es jetzt umläuft, beseitigt. es ist möglich, in einer controverse den gegner aus einem von ihm benutzten und anerkannten documente allein zu bekämpfen, und nachzuweisen, daß ein mühsames weiteres zeugenverhör nicht nötig sei, da das vom gegner anerkannte aktenstück hinreiche, ihn und seine behauptungen zu widerlegen. es ist' aber völlig unmöglich, aus einer von einer bestimmt begrenzten und in sich sehr sicheren gemeinschaft vorgelegten sammlung von schriften die lehren einer zeit vollständig zu erkennen, welche älter ist, als diese sammlung. das neue testament als solches ist ein werk der katholischen kirche. ordnen wir uns dieser kirche dadurch unter, daß wir dieses ihr werk unbesehens annehmen, so wird es nur folgerichtig sein, ihre auctorität auch in allen andern punkten unbesehens anzuerkennen. man kann aus widersprüchen des neuen testamentes gegen die katholische kirchenlehre und kirchenpraxis folgern, daß die vorliegende lehre und praxis nicht ursprünglich ist: man kann aber aus dem neuen testamente nicht die vollständige kirchenlehre herleiten, so wenig man aus dem deutschen handelsgesetzbuche folgern darf, es gebe in Deutschland kein kriminalrecht. dieselbe gemeinschaft, welche aus irgend einem, in dem zusammenhange dieser erörterung gleichgültigen grunde das neue testament zusammentrug, hat auch ohne frage das recht zu weiteren festsetzungen gehabt: die annahme liegt nahe, daß wer das ansehn dieser gemeinschaft in dem einen falle ohne bedenken und ohne kritik annimmt, gezwungen ist, es auch in andern gelten zu lassen. daß die reformatoren dies auch tun, ist oben schon bemerkt, soferne eine reihe von dogmen und anschauungen, welche ihnen unumgänglich erscheinen, aus dem neuen testamente nicht begründet werden können, gleichwohl aber festgehalten werden. wie das sogenannte apostolische glaubensbekenntnis nicht alle dogmen, sondern nur diejenigen umfaßt, welche gegen die ketzer der zeit, in welcher es entstand, geltend zu machen waren, und wie deshalb sowohl Abraham Calov unrecht hatte, wenn er es als nicht vollständig tadelte, als Calixt, wenn er es als grundlage der einigung christlicher kirchen genügend erachtete — jener, weil er verlangte, was man nicht hatte leisten wollen, dieser, weil er sich mit etwas befriedigt fand, was lange nicht ausreichte: ganz ebenso ist der neutestamentliche kanon nichts, als die sammlung der bücher, welche die altkatholische kirche in ihrem kampfe mit den ketzern und sekten des zweiten jahrhunderts geeignet erachtete, als beweismittel zu dienen: es liegt in diesem kanon nur solches material vor, welches die gegner gleich sehr anerkannten, es liegt aber nicht alles material vor, nach dem die kirche beurteilt werden muß, sondern lediglich das, was für einen bestimmten zweck nötig war: wir dürfen also weder etwas für christlich halten, was diesen büchern widerspricht, noch auch etwas blos darum für nichtchristlich, weil es sich in ihnen nicht findet.

wollte man das gesagte bekämpfen, so müßte nachgewiesen werden, auf welcher grundlage denn das neue testament als sammlung angenommen wird. es muß dasselbe solange als ein traditionell überkommenes, das bedeutet in diesem zusammenhange, gedankenlos übernommenes werk angesehn werden, als nicht bestimmt und unzweideutig erklärt wird, wie man gerade zu dieser zusammenstellung altchristlicher schriftstücke als einer normalen gekommen ist und hat kommen können.

es dürfte einleuchten, daß, sowie man nicht mehr die beweisführung in einem streite mit der katholischen kirche in dessen interesse beschränken, sondern eine geschichtliche untersuchung führen will, das neue testament als sammlung gänzlich zu beseitigen ist, und die frage nach den quellen der erkenntnis für die nichtkatholische und doch auf denselben ursprung wie der katholicismus hinauswollende religion ganz einfach dahin zu beantworten ist: alle documente der christlichen urzeit, welche überhaupt vorhanden sind — bücher, denkmäler, verfassungen, kultusformen — zusammen, auf die bei historischen studien übliche und durch lange praxis und bedeutende resultate bewährte weise benutzt, geben uns aufschluß über die anfänge unsrer religion. die frage ist einfach eine historische, denn Iesus oder (wenn man lieber will) das evangelium trat in einem bestimmten augenblicke der geschichte auf, und darum kann unser wissen über Iesus und das evangelium auf keinem andern wege gewonnen werden, als auf dem, auf welchem man überhaupt geschichtliches wissen erwirbt.

Ähnlich ungünstig wird das urteil über neuere auffassungen des sogenannten materialen principes der reformation ausfallen.

es scheint kaum geleugnet werden zu können, daß die reformatoren selbst mit dem satze, der mensch werde gerechtfertigt ohne werke allein durch den glauben, zu sagen meinten, der zugang zu den gnadenschätzen der kirche oder des christentumes werde nicht durch ablaßnemen, almosengeben, messehören und ähnliches eröffnet, sondern dadurch, daß die einmal endgültig hergestellte versöhnung gottes und des menschen — ich drücke mich absichtlich so modern als möglich aus — mittelst des gemütes ergriffen und angeeignet werde. es sind mit ausname des wortes glauben, dessen bedeutung streitig war, damals alle ausdrücke der formel in einem geschichtlich völlig feststehenden sinne genommen worden, und daher auch heute von uns zu nehmen, soferne es sich für uns darum handelt, die gedanken der reformationsperiode zu beschreiben. also auch hier finden wir das princip als ein princip der polemik, nicht der dogmatik: man schließt aus dem unmittelbar gegenwärtigen, dem bewußtsein, das man über das eigne versöhntsein mit gott hat, gegen gewisse einrichtungen der päpstlichen kirche, wie messe und möuchtum, und gegen die scholastische lehre von den guten werken. damit ist wiederum festgestellt, daß die katholische kirchenlehre im großen und ganzen unangetastet gelassen und nur behauptet wird, der eintritt in das haus habe durch eine andre türe statt zu finden als durch die, welche man gewöhnlich, aber misbräuchlich benutzt habe.

wäre wirklich die rechtfertigung allein durch den glauben das princip der reformatorischen dogmatik, so müßte einmal dies princip die reformatorischen dogmatiken in der weise beherrschen, daß die ganze dogmatik aus ihm abgeleitet würde, so müßten zweitens alle reformationskirchen dies princip in gleicher weise haben und gleich hoch stellen. weder das eine noch das andere ist der fall. es wird unter den lesern dieser blätter mancher sein, dem Hegels philosophie nicht unbekannt ist. vergleiche ein solcher die art und weise, in der Hegel seine grundanschauungen durch sein ganzes system hindurchführt, mit der stellung, in welcher die rechtfertigung allein durch den glauben in der lutherischen dogmatik auftritt, in welcher sie doch den geehrtesten platz hat: er wird bald zugeben, daß jene lehre Luthers ein princip der dogmatik niemals gewesen ist. war sie aber das nicht, so war sie auch kein princip der religion, oder die lehrer der kirche waren die armseligsten stümper, die man sich denken kann. bei Hegel gibt es keinen ort, in welchem nicht das gesetz der entwickelung, das gesetz, daß durch verneinung die verneinte sache zu einer höheren bejahung hindurchgeht, und ähnliche grundbegriffe des systems sich als herrschend erwiesen: in der lutherischen dogmatik sehen wir das katholisch-scholastische gebäude unangetastet vor uns stehn bis auf einzelne loci, die weggebrochen und durch einen neuen, mit der alten architektur nicht durch den styl, sondern nur durch mörtel in verbindung gebrachten anbau ersetzt sind.

und wie will man behaupten, daß jenes sogenannte materiale princip der reformation in den kreisen Zwinglis und Calvins, in der englischen kirche des sechszehnten jahrhunderts eine herrschende stelle eingenommen hat?

und wenn man vollends das neue testament als ganzes zu rate zieht, so zeigt sich, daß der begriff der rechtfertigung durch den glauben in demselben nur von Paulus aufgestellt und von Iacobus sogar bekämpft wird, daß ihn die synoptischen evangelien, Iohannes und Petrus gar nicht kennen, daß er also ein die christliche urzeit beherrschender nicht gewesen sein kann. auch Paulus weiß von der neuen schöpfung zu reden, welche bei Iohannes als wiedergeburt, bei Petrus als teilhaftig werden der göttlichen natur bezeichnet wird. der eintritt des menschen in eine neue höhere ordnung der dinge hebt seine schuld auf: der mensch läßt die schuld mit seinem früheren leben und mit der sünde dahinten, wie der schmetterling die hülle zurückläßt, der er entschlüpft ist. dieser gedanke wird, weil von Paulus, Petrus und Iohannes ausgesprochen, für die ursprünglich christliche anschauung vom verhältnisse des menschen zur schuld zu halten sein (ich gestatte mir weiter unten beiläufig eine erweiterung dieser anschauung), womit dann freilich dem materialen principe nachgewiesen wäre, daß es auf einer einseitigkeit sogar des apostels beruht, der als nicht unmittelbarer jünger Iesu am allerwenigsten zu irgend welcher einseitigkeit das allermindeste recht gehabt hat: und weiter, daß es die wirklich allgemein geltende, wenn gleich von uns beim zustande unsrer quellen mehr vorauszusetzende als zu erweisende anschauung der ältesten, allein maßgebenden christlichen zeit zu übersehn ungescheut genug gewesen ist.

Der protestantismus hat mit seiner 1648 durch den westphälischen frieden erfolgten endgültigen anerkennung als berechtigte religionsform die letzte spur innerer kraft, welche nur durch den gegensatz zur herrschenden kirche bis dahin erhalten worden war, verloren: dadurch daß ihm die feierliche erlaubnis zu leben gegeben wurde, ward ihm der letzte vorwand zu leben genommen. der zersetzungsprocess aber, welchem er seitdem verfiel, hat bewirkt, daß das sich protestantisch nennende Deutschland von allen den in dem katholischen systeme und dessen vom protestantismus erhaltenen teilen in großer menge aufgehäuften hindernissen seiner natürlichen entwickelung befreit wurde. diese befreiung beruht mithin nicht in der vortrefflichkeit, sondern in der inneren unhaltbarkeit und der durch diese bedingten löslichkeit des protestantismus. alle die anschauungen aber, welche die öffentliche meinung jetzt dem protestantismus zu verdanken meint, sind einmal in der deutschen, entweder wirklich bekannten oder zusammenphantasierten persönlichkeit der reformatoren (welche heutzutage als menschen, nicht als reformatoren auf das volk wirken), andrerseits darin begründet, daß der protestantismus, eben weil er mehr und mehr zerfiel, in dem räumlich ihm anheimgegebenen gebiete momenten der kulturgeschichte zutritt verstattete, welche in den geschlossenen organismus der katholischen kirche nur viel schwerer eingang finden konnten. was jetzt noch an resten des wirklichen protestantismus in Deutschland vorhanden ist, verdankt sein dasein nicht einer ununterbrochen von Luther bis auf uns fortgehenden entwickelung, sondern ist künstlich aus der rumpelkammer hervorgeholt, und zwar nur darum hervorgeholt, weil man über die eigne unfähigkeit, das der zeit nötige zu finden, klar war.

Wem diese anschauung der sache befremdlich vorkommen sollte, den bitte ich folgende tatsachen zu bedenken.

Was die Römer unter *relligio* verstanden haben, kann uns hier gleichgültig sein: im mittelalter wurde religion den personen zugeschrieben, welche ein ordens-, das heißt mönchsgelübde abgelegt hatten: die Hugenotten in Frankreich, die sich durch die herbste sittenstrenge auszeichneten, wurden um dieser willen *messieurs de la religion* — mönche ohne gelübde — genannt. in dem lutherischen Deutschland treffen wir das wort religion vorübergehend in den einleitungen zur zünftigen dogmatik: dem wirklichen sprachgebrauche des deutschen volkes gehört es erst seit etwa 1750 an, ist in diesen aus England und dem deistischen litteraturkreise eingedrungen, der mit lord Edward Herberts von Cherbury schriften anfängt, und bis Toland, Collins und Tindal herunterreicht.- das wort religion ist im entschiedensten gegensatze gegen das in der lutherischen, reformierten und katholischen kirche geltende wort glauben eingeführt, und setzt überall die deistische kritik des allgemein christlichen oflenbarungsbegrifles voraus. wollen wir da noch behaupten, daß wir uns im kreise der reformation befinden? unser mittelstand, der von religiösen menschen durchgehend mit achtung spricht, will von gläubigen sehr entschieden nichts wissen.

Daß zweitens die reformation die neugestaltung Deutschlands in keiner weise veranlaßt hat, daß vielmehr alles, was wir an politischem leben haben, allein dem umstande zuzuschreiben ist, daß durch die Hohenzollern in Brandenburg und Preußen ein auf eigenen füßen stehender staat entstand, wer wagte das zu leugnen? ist es aber wohl vernünftig zu behaupten, daß ein angeblich die gesammte menschheit auf neue fundamente stellendes ereignis, wie die reformation, auf das land, in dem sie vollzogen wurde, politisch gar keinen einfluß als einen schädlichen hatte, und dies land allen segen einer von der reformation völlig unabhängigen, vor ihr schon arbeitenden und nach ihr in ihrem energischsten träger herzlich wenig protestantischen macht verdankt?

Man denkt weiter an die theologie und die religion selbst. wer einen blick in die theologische litteratur Deutschlands geworfen hat, weiß, daß mit dem sechszehnten jahrhundert jede selbstständige tätigkeit aufhört, daß was in der ersten hälfte des siebenzehnten auf diesem gebiete noch geleistet wird, nachwirkung früherer zeiten ist, und die dogmatiker wie die exegeten der lutherischen kirche wenig mehr sind als registratoren, die anstatt akten dogmen und exegetische grillen zu buche tragen. kirchen- und dogmengeschichte versiegen ganz: die ethik ist in folge der lutherschen rechtfertigungslehre so in misachtung, daß arbeiten auf ihrem gebiete sofort mit dem verdachte der ketzerei behaftet sind, und darum womöglich unterlassen werden. was die religion angeht, so hat ein völlig unverdächtiger zeuge, August Tholuck, in mehreren mühsamen sammlungen hinreichenden bericht über ihren zustand gegeben: es ist gut, daß der dreißigjährige krieg die möglichkeit offen läßt, wenigstens einen teil der verwüstungen, die sich im religiösen leben Deutschlands zeigen, auf andre schultern als die der anerkannten kirchen abzuladen: die epoche, in welcher das Luthertum in den ihm zugesprochenen landschaften unbeschränkt geherrscht hat, ist von so dunkler färbung, daß sie der herrschenden religion wenig ehre macht. Wie es mit dem protestantismus in der zeit seiner uneingeschränkten macht stand, erhellt weiter aus den versuchen, leben in diese dürren gebeine zu bringen. Arnd, Spener, Franke haben dogmatisch sich allerdings keiner abweichung von der lutherischen orthodoxie schuldig gemacht, die orthodoxie hat aber mit richtigem instinkte gemerkt, daß die bemühungen dieser männer tatsächlich in der einsicht wurzelten, daß das amtlich anerkannte leben der protestantischen kirche nichts als galvanisierter tod war, und diesem instinkte entsprechend sind Arnd, Spener und Franke von der officiellen kirche behandelt worden. namentlich Franke knüpft meines erachtens mit seiner methodisierung der erweckung recht eigentlich an Luther und dessen erfahrungen an, vermeint auch wohl, die rechtfertigungslehre der lutherischen kirche recht in fleisch und blut zu verwandeln, vergißt aber, daß das konventikel keine kirche ist, und daß das konventikel für den wert der kirche genau so viel beweist, wie vor zehn jahren das vorhandensein von Baumgartenbrück für den der juristischen fakultät in Berlin, oder überall notwendige privatstunden für die zweckmäßigkeit des öffentlichen unterrichtes, neben dem sie hergehen.

Ich gestehe offen, daß ich über Leibnitz nur aus den biographischen werken über ihn, kaum irgendwie aus eignem studium seiner schriften unterrichtet bin, und daß ich Leibnitzens schüler Christian Wolf, der das system seines lehrers in die weitere entwickelung übergeleitet hat, nur aus den mitteilungen kenne, die man in den handbüchern über ihn zu machen pflegt: gleichwohl glaube ich die behauptung wagen zu dürfen, daß Leibnitz, so freundlich er sich zur orthodoxie stellte, doch wohl kaum auf etwas anderes aus war, als auf eine neubegründung des christentumes, und daß in dieser absicht schon der beweis für die behauptung liegt, welche sonst aus seinem verhältnisse zum katholicismus leicht zu begründen ist, daß er dem protestantismus durchaus entfremdet war: alles was an Leibnitz hängt — und dessen ist bekanntlich nicht ganz wenig — wird Leibnitzens grundanschauung geteilt haben.

Endlich unsre klassiker. ich leugne rund heraus, daß Lessing, Göthe, Herder, Kant, Winkelmann vom protestantischen systeme und der protestantischen kirche irgend wesentlich beeinflußt sind, und verschärfe das gewicht dieser leugnung noch dadurch, daß ich mich ausdrücklich der amtlichen stellung Herders zu erinnern erkläre. wer der meinung ist, daß diese leugnung den tatsachen gewalt antut, wird den beweis für seine meinung zu führen haben: kann er diesen beweis nicht erbringen, so dürfte bei der für die jetzt herrschende weltanschauung grundlegenden stellung der genannten fünf männer feststehen, daß wir uns des protestantismus in Deutschland tatsächlich entledigt haben: mit worten zu spielen kann liebhabern erlaubt werden, nur wird es nicht angemessen sein, personen, die liebhabereien nachgehn, im rate der nation irgend welches stimmrecht zu erteilen.

III.

Dieselben elemente, welche den lose gefügten protestantismus zersetzten, und es möglich machten, daß auf seinen trümmern ein neues, nur allerdings nicht religiöses, leben emporwuchs, haben den katholicismus, den sie als geschlossenes ganze antrafen, verhärtet.

Der katholicismus, mit welchem die reformatoren kämpften, ist seit mehr als viertehalb jahrhunderten todt, oder, wenn man lieber will, im sterben: was jetzt katholicismus heißt, ist eine durch den protestantismus, aber keineswegs durch ihn allein veranlaßte neubildung, welche die katholischen formeln und formen behalten, den inhalt derselben in einigen, aber durchgreifend wichtigen fällen principiell geändert hat, welche durch das, was sie behielt, ihren gläubigen und den staaten gegenüber ihre identität konstatieren zu können meinte, durch das, was sie änderte, ihre unverträglichkeit mit den geschichtlichen neubildungen konstatiert hat. das vaticanische concil des jahres 1870 ist durchaus nicht eine episode in der katholischen, sondern der schlußakt in der gründungsperiode der neukatholischen religion: es verhält sich zum neukatholicismus, wie die versammlung von Nicaea zum katholicismus.

Der protestantismus selbst hat — und das ist ein neuer beweis seiner unbedeutendheit — eine durchgreifende veränderung des katholicismus nicht hervorgebracht. die lehrsätze der kirche sind den neuerern gegenüber vorsichtiger und schärfer gefaßt, der klerus ist einer genaueren aufsicht unterworfen worden, sonst ist alles geblieben wie es war.

Ganz anders haben andre momente gewirkt.

Durch den abschluß der staatenbildung in Europa wurde der

positive begriff katholicismus zu einem negativen, durch das aufblühen der exakten wissenschaften die forderung der unterordnung unter das dogma zur forderung der verleugnung der wissenschaft in deren konsequenzen, durch das bekanntwerden des begriffs entwickelung die lehre von einer einst einmal mitgeteilten dogmatischen offenbarung zur lehre von der allgenugsamkeit dieser offenbarung. So wurde der katholicismus zum feinde der nationen, der gewissen, der vermehrung des geistigen besitzes.

Der träger dieses neuen katholicismus ist der Iesuitenorden, welcher den protestantismus durch den nachweis der inkonsequenzen des protestantismus, die feindschaft der wesentlich auf den monarchien ruhenden nationen durch die lehre von der suveränität des volkes, die exakten wissenschaften dadurch, daß er sie auf den von ihm gegründeten realschulen in seiner weise in die hand nahm, das heißt, als ein gegen den geist sich indifferent verhaltendes aggregat von kenntnissen ansehn lehrte, endlich die einsicht in die gesetze der geschichte durch die behauptung von der wertlosigkeit dieser geschichte bekämpfte.

Da die nationen Europas und die wissenschaft nicht wie aus der pistole geschossen ins dasein getreten sind, da sie sich allmälig und durch die arbeit vieler im mittelalter vorbereiteten, ist auch Roms gegensatz gegen sie schon im mittelalter vorhanden. es gibt meines erachtens keine reformatoren vor der reformation, aber wohl Iesuiten vor dem Iesuitismus.

Rom war im mittelalter die einzige macht, welche politik trieb, weil es die einzige fertige macht war: überall sonst bereitete man nur die möglichkeit vor, dereinst politik zu treiben. wie es im mittelalter keine historiker gab, sondern nur chronisten, gab es auch keine geschichte, sondern nur praeliminarien zur geschichte: der mangel an historikern beweist das nichtvorhandensein der historie. Rom hat damals den richtigen instinkt gehabt, die staatenbildung in Europa nach kräften zu verhindern und zu verzögern: gleichwohl war am ende des mittelalters diese bildung im wesentlichen vollendet.

Deutschland hatte sich, wenn auch nichts weniger als nach dem bedürfnisse seiner einwohner, konsolidiert. Frankreich und England haderten nicht mehr um das erbe der Plantagenet. in Spanien war der letzte rest der Mauren überwunden, und alle die vielen kronen des weiten landes schmückten Ein haupt. in Scandinavien stand Gustaf Wasa wenigstens vor der türe. Italien fand sich allmälig in die rolle, nur ein geographischer begriff zu sein, und entschädigte sich für sein unglück mit dem zweifelhaften glücke, den stellvertreter Christi in seiner mitte zu haben und ihn nur aus Italienern gewählt zu sehn. von der zeit an, wo ein europäisches staatensystem sich bemerkbar macht, hat Rom die absolute berechtigung der nationalität geleugnet, und die katholicität, die ursprünglich vielleicht ein gegensatz gegen einzelnen aposteln folgende gemeinden, später ein individuen wie nationen überherrschendes, aber nicht aufhebendes princip war, als das allein wesentliche auf erden gefaßt. Rom erklärte und erklärt, die nationalität gehöre dem niedern verlaufe der natürlichen dinge an, und erklärt damit jedes wort, welches gott in der geschichte spricht — ich verweise auf unten zu sagendes —, für apokryph. Rom erklärte und erklärt die nationalität für ein massenprincip, um mit dem pöbel gegen die intelligenz, mit der demokratie gegen die kronen operieren zu können: nationen vergehn von selbst, wenn ihre centren vergehn, und was eine nation ohne mittelpunkt und ohne inhalt ist, zeigt Paraguay, die musterschöpfung der Iesuiten.

charakteristisch ist, daß Ignaz Loyola und Franz Xavier Basken waren: die Basken sind gar keine nation, sondern eine aus vorhistorischer zeit in die historische herübergerettete curiosität, ein lebendiges fossil.

Was an Copernicus und Galilei hängt, weiß jeder nachdenkende mensch. die ganze kirchliche mythologie ist hinfällig, wenn die erde aus einem im mittelpunkte des weltalls stehenden körper zu einem um eine nebensonne kreisenden, höchstens mittelgroßen planeten wird. um das gesammte orthodoxe system, nicht um die alberne Judenmähr von Iosues sonne handelte es sich, als die kirche das *e pur si muove* zu hören bekam. und sie wußten und wissen es, wenigstens Secchi weiß es, daß die erde sich bewegt, aber sie behandeln jetzt diese tatsache als für die wissenschaft vom geiste unbedeutend: sie wissen nichts mehr von dem gesammtbilde der wissenschaft, das vor Plato, Aristoteles und allen den großen scholastikern des mittelalters gestanden hatte: sie lassen den schluß nicht zu von dem physischen auf das ethische gebiet. die folge ist eine geistlose natur und ein unnatürlicher geist: die folge ist ein vollständiger mangel an harmonie in der weltanschauung: die folge ist, daß, wenn der übernatürliche gott einmal nicht mehr geglaubt wird, in der welt nichts übrig bleibt als materie: der materialismus ist das notwendige korrelat des Iesuitismus: das wasser in diesen communicierenden röhren steht stets gleich hoch. staatsmänner werden aus dem abnehmen des materialismus auf das abnehmen des Iesuitismus schließen, und so lange ersterer auf dem alten flecke ist, wissen, daß ihre maßregeln gegen den letzteren einen erfolg nicht gehabt haben.

buchstaben haben wert nur im worte, und wörter nur im satze: wem die elemente und gesetze der natur nicht in Ein philosophisches system gehören, dessen lehren auf dem ethischen gebiete in einklang mit den auf dem physischen geltenden stehn, der versteht weder vom geiste noch von der natur etwas.

Was die nationalen bestrebungen der Italiener des vierzehnten jahrhunderts nur angebahnt hatten, ein wiederaufleben der klassischen studien, nahm einen ungeahnten aufschwung, als auf den concilen zu Kostnitz und Basel anwesende Italiener in Sanct-Gallen, Fulda, Hersfeld handschriften wichtiger lateinischer autoren entdeckten, die bisher gar nicht oder unvollkommen bekannt gewesen waren. die ereignisse, welche dem falle Constantinopels vorausgiengen, schließlich dieser fall selbst brachten griechische texte, vor allen Plato, und männer, die diese schätze verstehn lehrten, nach Italien. Guttenbergs kunst machte möglich, das neu gefundene wie das längst besessene in weite kreise zu verbreiten: eigentliche gelehrsamkeit war erst durch sie wieder denkbar. später erweiterten die entdeckungen des Columbus den horizont. die kirche sah sich mit ihrer anschauung von der geschichte und mit dem unbescheidenen, aber wenigstens naiven glauben, daß nur über ihr gottes sonne leuchte, über nacht lächerlich gemacht, und ihre eignen würdenträger, wie kardinal Bembus und papst Leo X, gaben das zu. es schien in der ersten überraschung selbst in Rom untunlich, den von der synagoge übernommenen begriff heidentum weiter geltend zu machen.

die dem evangelium zugefallenen Juden der östlich vom Jordan gelegenen landstriche sind — mir machen das verschiedene anzeichen wenigstens höchst wahrscheinlich — die urheber der mit bewundernswerter epischer kraft durchgeführten anschauung gewesen, daß Iesus in den langen jahrhunderten vor dem evangelium deutlicher und immer deutlicher geahnt worden, daß alles, was ihm begegnet, längst vorbereitet sei. es war dies uns nur noch bruchstückweise bekannte, in einzelnen seiner teile als legende über das abendland und zu den Muhammedanern gedrungene epos, aus dem die ältere exegese des alten testaments reichlich geschöpft hat, wohl auch mit die veranlassung zu dem nachher zu besprechenden namen christen: ich stehe nicht an, es für ein ganz einziges werk zu erklären, dessen wiederherstellung aller mühe wert wäre. es galt — natürlich in unendlich prosamäßiger, theologisierter fassung — in der katholischen kirche, und hat den begriff entwickelung dort allein lebendig erhalten. es wäre denkbar gewesen, daß man den gedanken ausgedacht, den einzelne — namentlich künstler — wirklich gefaßt haben, den die älteste kirche mit ihrem Sibyllenglauben mindestens nicht abgelehnt hat, auch unter Griechen, Aegyptern und andren nationen sei eine vorbereitung auf das evangelium in gottes planen gewesen, wie man sie bei den Juden fand. aber der Iesuitismus entschied anders. eine höchste macht unter vielen hohen sollte die kirche nicht sein. das sinnige dogma der alten gläubigen von der allmälig wachsenden sehnsucht nach dem heile und der von stufe zu stufe deutlicher und lauter werdenden verheißung dieses heiles wird vollständig ignoriert. wie das moderne Judentum, um ungestört über den angeblichen charakter des Hebraismus zusammenfaseln zu können, was den breiten massen, die es sich gewinnen will, gefällt, so hat der Iesuitismus, um dem altkirchlichen begriffe der entwickelung aus dem wege zu gehn, das alte testament und seine theologie geflissentlich vermieden: der für die kirche an diesem haftenden, ihm so unbequemen idee wollte er lieber gar nicht ins gesicht sehn. die verschiedenheiten des neuen testamentes sind gleichfalls lästig, und das neue testament selbst hat sie zu büßen: auch seine exegese verfällt trotz Estius und Maldonatus. in der kirchengeschichte wird alles, dessen spätere entstehung nicht ausdrücklich bezeugt ist, für apostolisch angesehn. so ist denn ein begriff von der geschichte entstanden, der die arbeiten des vaticanischen concils und derer, die dasselbe vorbereitet haben, zu reinen lächerlichkeiten macht. wenn ein gräberfeld der steinzeit lebendig würde, dürfte es über die jetzige menschenwelt etwa gedanken haben, wie der erzbischof Benni und die verfasser der in Belgien und Frankreich amtlich eingeführten lehrbücher der theologie.

Rom hat sich klüglich gehütet, sich die hintertüren nach der alten kirche zu versperren. je nach bedarf beweist es aus den vätern der ersten jahrhunderte seine harmlosigkeit, oder ereifert sich mit den kaiser- und königsfeinden des mittelalters gegen die neuesten ereignisse: es mutet der welt zu, sowohl Clemens XIV, der den Iesuitenorden aufhob, als Pius VII, der ihn wiederherstellte, für unfehlbar zu halten. natürlich ist, wo solch ein Ianustempel offen steht, der krieg niemals zu ende.

Aber die neukatholische kirche ist den staaten gegenüber in der günstigen lage, ihre identität mit der altkatholischen nicht angefochten zu sehn und nicht angefochten sehn zu können. das concil von Trient gehört schon — das hat man bisher verkannt, und in diesem verkennen liegt die wurzel des übels — nicht der altkatholischen, sondern der neukatholischen entwickelung an: es ist nicht ein abschluß, sondern ein anfang. ist nun diesem tridentinum dadurch, daß auf grund desselben mit der curie verhandelt wurde, die anerkennung sämmtlicher europäischer staaten außer England und Scandinavien zu teil geworden, und zwar, so weit meine kenntnisse reichen, eine bedingungslose, wenn auch ausdrücklich in ausübung der fürstlichen majestätsrechte erteilte, so scheint es rechtlich unmöglich, die notwendigen folgen dieser anerkennung nicht in den kauf nehmen zu wollen. wer seinem nachbar die erlaubnis gibt eine mauer zu ziehen, hat die befugnis nicht, darüber zu klagen, daß im schatten dieser mauer nichts wächst.

Was nun das vaticanische concil angeht, so scheinen zuerst die gründe gegen dasselbe, welche aus der mangelnden freiheit der beratungen und der nicht ohne nachhülfe zu stande gekommenen zustimmung der bischöfe hergenommen werden, unberechtigt. wenigstens würden durch diese gründe auch die beschlüsse andrer concilien, welche man nicht bemängelt, und die rechtsgültigkeit von abstimmungen politischer versammlungen, auf welche man großen wert legt, mit angefochten.

zum beispiel das concil, welches 431 zu Ephesus bei einander war, hat einen wichtigen satz der kirchenlehre, und zwar in einer auch für altkatholiken und protestanten bindenden weise definiert. nichts destoweniger findet sich sogar in den noch vorliegenden, ganz einseitig, übrigens im rechtgläubigen lager, zusammengelesenen akten die klage darüber, daß die orthodoxe partei mittelst sehr eigenartiger argumente der entscheidung nachgeholfen hat. belehrung hierüber ist reichlich zu haben: für den, welcher nicht viel lesen will, verweise ich auf nummer 126 in Sylburgs ausgabe der akten.

die abstimmung des norddeutschen reichstages in der luxemburger angelegenheit soll hier nur erwähnt werden: das schulaufsichtsgesetz und die kreisordnung sind im preußischen herrenhause in der art, die alle welt kennt und billigt, durchgebracht. diese und ähnliche vorgänge beweisen nur gegen das parlamentarische system, das sie notwendig macht, nicht aber an sich gegen die sache, der man durch sie den an maßgebender stelle gewünschten fortgang sichert.

und wenn geltend gemacht wird, daß ein großer teil der bischöfe wider seine überzeugung gestimmt, so wäre freilich eine solche abstimmung etwas, über das man vom standpunkte der moral ein durchaus feststehendes urteil hätte: nur sollte man sich klar sein, daß die art, wie ein formell gesetzmäßiges votum zu stande gekommen ist, juristisch die wirkung der abstimmung nicht beeinträchtigt. wer sechs geschwistern ein haus abkauft, mag mit seinem anstandsgefühle abmachen, ob er den einen der sechs, der zu verkaufen nicht lust hat, durch moralischen zwang dem misliebigen geschäfte günstig stimmen will: hat der mann ohne in ungesetzlicher, wenn auch in unanständiger weise veranlaßt zu sein, ja gesagt, so ist er gebunden. in der diplomatischen sprache redet man von offenhalten des protokolls, und es ist oft genug vorgekommen, daß ein solches offenes protokoll erst nach geraumer zeit die fehlende unterschrift erhielt, und dennoch juristisch bindend wurde. zudem hatte eine kirche, die so viele märtyrer unter ihren heiligen zählt, vorbilder genug für die, welche ihre überzeugung nicht opfern wollten.

was sodann die auf dem vaticanum beschlossene angebliche änderung des katholischen dogmas anlangt, so beschränkt sich diese doch wohl nur darauf, daß ein gewohnheitsrecht zum geschriebenen rechte geworden ist. hat der papst tatsächlich stets als der nachfolger des Petrus gegolten, und ist Petrus tatsächlich stets in der lage gewesen, auf grund von Matthaeus 16, 18 für den stellvertreter Christi zu gelten, so scheint auch nicht beanstandet werden zu können, daß der nachfolger dieses Petrus so gut ohne concil regiere, wie Petrus ohne apostelconvent regiert haben soll. läßt man endlich die bischöfe den eid der treue an den papst schwören, den man zu schwören erlaubt, so ist es nicht von wesentlicher bedeutung, ob man sagt, die bischöfe müssen dem papste in allem gehorchen was er befiehlt, oder der papst kann alles befehlen was er will. die nach der gewöhnlichen, von mir nicht geprüften angabe von Gregor VII herrührende formel des eides, welchen die bischöfe dem papste zu leisten haben — ich entnehme sie dem römischen pontificale — enthält zwar nicht, was ältere formeln enthalten, daß der bischof *subiectus*, das heißt *sujet*, des papstes sein wolle, aber sie nennt dasselbe, was im neunten jahrhunderte mit *subiectus* bezeichnet wurde, in der sprache des 'eilften *fidelis et obediens*, wo *fidelis* die vasallentreue gegenüber dem lehnsherrn bedeutet, also demselben ideenkreise angehört, der die Römer gelegentlich jubeln ließ, der deutsche könig sei ein *homo*, das heißt vasall, des papstes geworden. und eben dieser eid, den ich ganz nachzulesen bitte, enthält auch den satz „haeretiker, schismatiker und gegen unsern herrn den papst, beziehungsweise gegen dessen [kanonisch in den besitz der tiara kommenden] nachfolger rebellische personen werde ich nach kräften verfolgen und bekämpfen (= *pro posse persequar et impugnabo*)". läßt sich ein staat solche formel gefallen, und läßt er sich weiter gefallen, daß die katholischen priester dem so gebundenen bischofe den eid des gehorsams leisten, so darf er sich nicht wundern, wenn er mit allen maßregeln, seine angehörigen gegen anmaßungen der curie zu schützen, nichts ausrichtet, aber das vaticanum ist daran unschuldig.

Nach dem gesagten ist mir wenigstens völlig klar, daß die neukatholische kirche der geborene widersacher jedes staates und jeder nation ist: sie ist dies wegen ihres materiellen inhalts und wegen der formellen unmöglichkeit, in welcher sich schlechthin jeder staat befindet, neben der ihm zustehenden ausschließlichen, das heißt nur diskutierbare einflüsse wie die der wissenschaft, neben sich duldenden macht eine andere, nicht allein nicht diskutierbare, sondern auch in keiner weise zu beeinflußende, weil durch angebliche leitung der vorsehung arbeitende gewalt in seinem bereiche zu einfluß gelangen zu lassen.

IV.

Ich wende mich zu der dem katholicismus und protestantismus gemeinsamen grundanschauung, und zwar absichtlich nicht zu einer dogmatischen, sondern zu einer historischen kritik derselben. was im folgenden gesagt werden wird, gilt gleicher maßen gegen die beiden historischen kirchen und den ableger der jüngeren derselben, die union, wie es gegen die vorstellungen gilt, welche die sogenannte öffentliche meinung aus dem von katholicismus und protestantismus gelehrten sich zurecht gelegt hat. Katholiken wie protestanten, und zwar beide in allen ihren unterabteilungen, nennen ihre religion christentum und beanspruchen selbst christen zu sein. auch die liberalen aller schattierungen halten diese bezeichnung für sich selbst fest. der name christen ist nach der apostelgeschichte 11, 26 zuerst, und zwar etwa zwölf jahre nach Iesu tode, in Antiochia gebraucht worden. die apostelgeschichte kennt 24, 5 noch einen andern titel der anhänger des evangeliums, den sie allerdings einem feinde der neuen gemeinde in den mund legt, der aber ohne alle frage sehr alt und von der urgemeinde selbst gebraucht ist. Iesus selbst wird in den urkunden des neuen testaments Nazarener und Nazoräer genannt, weil er aus Nazareth gebürtig war, einem in einer allgemein verachteten landschaft gelegenen flecken, der geeignet schien, den stifter der neuen sekte recht geringschätzig zu bezeichnen: was konnte aus Nazareth gutes kommen? von diesem Nazarener oder Nazoräer hießen seine anhänger auch Nazarener oder Nazoräer, und diese namen sind bei den Juden und Arabern noch heute gebräuchlich. wenn nun der name Nazarener in Antiochia durch einen andern ersetzt wurde, und wenn dies unter den augen, also auch wohl auf veranlassung des Paulus geschah, so ist anzunehmen, daß man mit der neuen bezeichnung christen die früheren Nazoräer ihrem wesen nach zu bezeichnen — zu definieren — meinte. danach würde christentum die religion derer sein, welche in Iesu den Christus oder Messias der Juden erblicken, und in dieser Christuswürde Iesu dessen eigentümlichkeit und bestimmung am vollständigsten bezeichnet glauben. es hängt an dieser anschauung die weitere von den zwei testamenten, das heißt den zwei verträgen gottes mit den menschen (*testamentum* hat hier den sinn des *instrumentum* unsrer notare), von denen das frühere die vorbereitung des späteren ist.

diese anschauung ist durchaus irrig.

das sogenannte alte testament kennt für den von den Juden angeblich erwarteten heiland das wort mâšîaḥ oder Messias, das heißt Christus, nicht: es kennt einen solchen heiland überhaupt nur ganz beiläufig und so, daß vollkommen klar ist, daß die verfasser der kanonischen und der deuterokanonischen oder apokryphischen bücher den glauben an einen dereinst kommenden retter gar nicht zu den wesentlichen stücken ihrer religiösen überzeugung gezählt haben, geschweige daß sie ihn für den mittelpunkt dieser überzeugung gehalten hätten. und letzteres müßte doch der fall sein, wenn wir uns berechtigt halten sollten, die oben geschilderte anschauung der gemeinde von Antiochia erwägungswert zu finden. es ist noch niemandem eingefallen, wird aber kennern der semitischen sprachen, so wie ich es sage, einleuchten, daß die von den Griechen gebrauchte und natürlich der umgangssprache ihrer jüdischen zeitgenossen entnommene form Messias gar nicht dem mâšîaḥ unsres hebräisch, sondern einem miššiaḥ entspricht, das man geneigt sein könnte für assyrisch oder babylonisch zu halten, und das, mag sein ursprung sein welcher er wolle, jedenfalls beweist, daß der titel Messias in die althebräische zeit gar nicht hineingehört. die erwartung, daß ein Messias kommen werde, ist in gewissen schichten des jüdischen volkes vor Iesu auftreten ohne frage vorhanden und sogar lebhaft gewesen, aber nicht in den tonangebenden kreisen des volkes, nicht in der anerkannten litteratur, nicht auf grund von durchschlagenden, klaren und diese erwartung als die haupterwartung der nation in den vordergrund stellenden erklärungen der heiligen urkunden. der Messiasglaube gehört dem teile der jüdischen gesellschaft an, welcher die sogenannten apokalyptischen schriften hervorgebracht und bewundert hat, schriften, von denen ein laie sich aus dem buche Daniel und der offenbarung des Iohannes eine ungefähre, aber für die ganze art viel zu günstige vorstellung machen kann.

es ist aber vollständig gedankenlos zu sagen „wir halten dafür, Iesus sei der den Juden verheißene Christus", wenn nachweislich den Juden gar kein Christus verheißen ist. es ist gedankenlos zu sagen „wir sind der ansicht, daß alles das, was die Juden von der zukunft erwarteten, in Iesu erfüllt ist", wenn die Juden nachweislich von der zukunft sehr wenig, und dies wenige ganz anders erwartet haben, als in Iesu geleistet worden. kein volk schlägt sein ideal an das kreuz, und wen ein volk an das kreuz schlägt, der entspricht ganz gewiß nicht dem ideale des volkes.

Was Iesus selbst über sein verhältnis zu seinem volke ausgesagt hat, ist bei dem unten zu erörternden zustande der urkunden über seine wirksamkeit außerordentlich schwer zu ermitteln.

ich verweise den, welcher sich darüber unterrichten will, auf meine diesen gegenstand behandelnde, so gott will bald erscheinende schrift, und versichere hier nur, daß es Iesu nicht eingefallen ist, sich für den Messias auszugeben. mag man aber auch über diesen punkt denken wie man will, so ist die alternative völlig unumstößlich: entweder Iesus hat sich für den in gewissen kreisen erwarteten heiland gehalten, dann knüpft er nicht an die gesammtentwicklung des jüdischen volkes an, und hat nur lokale bedeutung: die vorsehung hätte dann einen fehler gemacht, als sie den großartigsten umschwung, den die geschichte je gesehen, an seine person heftete, — oder aber Iesus ist den Messiasträumen der unteren schichten Israels gegenüber kühl geblieben: dann hat niemand ein recht, ihn den Messias oder Christus, und sich selbst als seinen anhänger einen christen zu nennen.

es darf hier wohl noch in kürze darauf aufmerksam gemacht werden, daß die sätze des apostolischen glaubensbekenntnisses „empfangen vom heiligen geiste, geboren von der jungfrau Maria", man mag dieselben orthodox oder heterodox fassen, unbedingt ablehnen, die existenz und das wesen Iesu im jüdischen volke wurzeln zu lassen.

Ich komme zu einem zweiten punkte.

Iesus hat mit seinen aposteln und jüngern entschiedenes unglück gehabt. aus der ganzen schaar sind nur Petrus und Iohannes bedeutend geworden: alle übrigen sind verschollen: denn was die sage von ihnen berichtet, wird heut zu tage wenig aussicht haben für historisch zu gelten.

gewiß wirft das eben erwähnte unglück ein helles licht auf die persönlichkeit Iesu, der so weit über seiner nation erhaben war, daß trotz alles suchens nur zwei männer gefunden wurden, die einigermaßen auf des meisters wesen eingehn konnten. daß man sagen muß „einigermaßen", ist die klage, welche in diesem abschnitte unsrer abhandlung vorzutragen ist. von Petrus haben wir nichts übrig, das anspruch hätte echt zu heißen: der zweite der unter seinem namen umlaufenden briefe ist sogar nur eine überarbeitung des sendschreibens des Iudas, eines leiblichen bruders Iesu: wir vermögen mithin über Petrus nur sehr unsicher aus zerstreuten daten zu urteilen, und dürfen aus diesem mangel an verläßlichen nachrichten wohl soviel mit sicherheit schließen, daß Petrus den vielleicht auf ihn gesetzten hoffnungen Iesu nicht entsprochen hat.

die schriften, welche den namen des Iohannes tragen, werden in ihrer größeren hälfte von den meisten unsrer zeitgenossen beanstandet, folglich kann aus ihnen mit aussicht auf allgemeine zustimmung nicht viel gefolgert werden. der schreiber dieser blätter hat sich freilich längst überzeugt, daß das vierte evangelium und damit denn auch die drei unter dem namen Iohannes im kanon befindlichen briefe von dem verfasser der sogenannten offenbarung Iohannis herrühren, und daß der verfasser aller dieser schriften kein andrer sein kann als der apostel Iohannes.

damit hat aber das vierte evangelium und hat die orthodoxe auffassung der ganzen sachlage nicht viel gewonnen. wenn irgend ein buch des neuen testamentes, so gehört dieses in die kirchengeschichte. es ist nicht ein geschichtswerk, sondern eine streitschrift. in der erinnerung des greisen Iohannes ist die gestalt des meisters, dem er so nahe gestanden hatte, ins ungeheuerliche gewachsen, und in diesem falle ist die begabtheit des schriftstellers, der sich mit allen möglichen zeitideen erfüllt hatte, der wahrheit ebenso schädlich gewesen, wie andrerseits die unbegabtheit derer ihr eintrag getan hat, welche die unsern drei ersten evangelien zu grunde liegenden bücher geliefert haben. gesundheit ist eben weder hypersthenie noch asthenie.

gedenke ich noch des Matthäus, von dem wir wissen, daß er die reden Iesu aufgeschrieben hat, so beweist der umstand, daß uns dies buch nicht, oder nur in einer jedenfalls nicht apostolischen überarbeitung erhalten ist, genau ebensoviel wie die gigantischen übertreibungen des Iohannes beweisen. war die arbeit des Matthäus historisch treu, so muß sie den epigonen nicht gepaßt haben, weil diese sonst das buch nicht hätten verkommen lassen: war sie nicht treu, gab sie den Matthäus statt Iesus, so ist klar, daß auch dieser apostel Iesum nicht verstanden hat.

Die unleugbare tatsache, daß es kurze zeit nach Iesu auftreten schon unmöglich war, über ihn historische wahrheit im sinne der wissenschaft zu treffen, hat übrigens für uns doch einen hohen wert, der noch nicht erkannt ist: sie zeigt, daß Iesu wort und leben wirklich ein die zeit änderndes element gewesen sind. geschichtliche ereignisse sind, wenn man das recht verstehn will, gar nicht da, um gewußt zu werden. sie geben der nation, in welcher sie sich zutragen, die basis einer neuen existenz oder die möglichkeit einer neuen epoche ihres lebens. sie werden durch berechnung der bahnstörungen, welche sie verursachen, und durch den umstand, daß nach ihnen in der weltgeschichte ein unauflösbares x sich findet, das früher nicht da war, viel sichrer und erschöpfender erkannt als durch die anschauungsberichte ihrer zeitgenossen. und mit großen männern ist es ebenso. ihre größe besteht darin, daß sie umgestalten: und sie gestalten nicht blos da und dann um, wo und wann sie es beabsichtigen, sondern auch ohne daß sie es beabsichtigen. aber indem sie verschieden gearteten menschen gegenüber stehn, gestalten sie verschiedentlich um, und die ausgleichung der vielen wirkungen, die sie haben, ist der historische mythus. die historische mythologie ist die inventarisierung der neugestaltungen, welche durch historische personen in dem zustande der umgebung der historischen personen hervorgerufen sind. verlangen, daß die apostel über Iesus tagebücher haben führen sollen, wie Varnhagen von Ense über seine zeit tagebuch geführt hat, heißt nichts andres, als erklären, daß Iesus nicht wert gewesen, daß auch nur ein einziges wort über ihn aufgeschrieben wurde. eingestehn, daß jeder, der ihn sah, den mann nur in einzelnem richtig, in den meisten punkten falsch oder gar nicht verstand, daß wir keine photographie seines wesens haben, heißt anerkennen, daß seine persönlichkeit so gewaltig war, daß wenn die menschen sich auf ihn besannen, sie ohne es zu wissen, schon durch ihn anders geworden waren, und teile seines wesens in sich fanden und darum auch teile ihres wesens, die mit den neubildungen in ihnen nahe zusammenhiengen, in ihn versetzten, obwohl dort nie etwas diesen kleinigkeiten ähnliches vorhanden gewesen war. aber alle diese erwägungen helfen uns nicht über die tatsache hinweg, daß von Iesu person historisch sehr wenig gewußt wird, von seiner lehre nur ein teil und auch dieser erst nach gründlicher kritischer arbeit bekannt heißen kann, und seine apostel unfähig gewesen sind von ihm zu berichten.

Nur daraus, daß die von Iesu selbst erwählten jünger, dank zu gleicher zeit dem niedrigen, verkommenen zustande des volkes, aus dem sie hervorgegangen, und der erhabenheit ihres meisters, nicht im stande waren anders, als nur höchst kümmerlich, einseitig, karikierend das große bild aufzufassen, das vor ihnen gestanden hatte, nur daraus ist es zu erklären, daß ein völlig unberufener einfluß auf die kirche erhielt.

Paulus — denn er ist dieser unberufene — der richtige nachkomme Abrahams und auch nach seinem übertritte Pharisäer vom scheitel bis zur sohle, hat acht bis zehn jahre nach Iesu tode, nachdem er die Nazarener eine zeit lang nach kräften verfolgt hatte, durch eine vision auf der reise nach Damascus die überzeugung gewonnen, daß er in Iesu lehre die wahrheit verfolge. man kann das psychologisch denkbar finden, und ich bezweifle nicht im mindesten, daß ein so fanatischer kopf in folge einer hallucination in das gegenteil von dem umschlug, was er bislang gewesen war. unerhört aber ist, daß historisch gebildete männer auf diesen Paulus irgend welches gewicht legen. im ersten kapitel der apostelgeschichte wird als selbstverständlich angesehen, daß wer apostel werden wolle, mit Iesu gelebt habe, um so zeuge von Iesu sein zu können. Paulus hat Iesum nie gesehn, geschweige daß er mit ihm umgegangen wäre: seine beziehungen zu Iesu sind durch seinen haß gegen Iesu jünger und danach durch eine vision, gewiß die schlechtesten quellen historischer erkenntnis, die es gibt, vermittelt worden.

aber noch mehr. in einem berichte über sein leben, welchen dieser Paulus selbst in seinen brief an die Galater eingeschaltet hat, rühmt er sich ausdrücklich, nach seiner bekehrung nicht nach Ierusalem zu den aposteln gegangen zu sein, er sei nach (dem römischen, östlich und nordöstlich vom toten meere gelegenen) Arabien gezogen, dort drei jahre geblieben, dann auf nur vierzehn tage zu Petrus nach Ierusalem gereist: außer Petrus habe er damals keinen apostel gesehn, an sonst bedeutenden männern nur Iacobus, den bruder Iesu: erst vierzehn jahre nach diesem ersten kurzen besuche sei er ein zweites mal nach seiner bekehrung nach Ierusalem gekommen und habe sich mit Iacobus, Petrus und Iohannes auseinandergesetzt.

das heißt in ehrliches deutsch übertragen: alles was Paulus von Iesu und dem evangelium sagt, hat gar keine gewähr der zuverlässigkeit. denke man sich, irgend jemand, der Gotfrids von Bouillon leben und wirken schildern und Gotfrids politische tätigkeit fortsetzen wollte, wäre ähnlich verfahren, und hätte mit derselben offenheit eingestanden, daß er Gotfrid nie gekannt habe, allen freunden Gotfrids geflissentlich aus dem wege gegangen sei, und was er von Gotfrid wisse einer in möglichster unabhängigkeit von Gotfrids genossen ausgesponnenen himmlischen erscheinung verdanke, so würde von einem solchen menschen in irgend einer historischen schrift gar nicht die rede sein: er wäre unrettbar der psychologie verfallen.

Wie kommen wir denn dazu, uns überhaupt mit einer kirche noch einzulassen, die auf solchem grunde gebaut ist? misverstand, unverstand, ein zwitterding aus Pharisäismus und phantasterei, sind das die fundamente einer gemeinschaft, die auf ein ereignis der geschichte zurückgehn will? und wenn Paulus uns etwa paßt, wie er Luthern gepaßt hat, so wollen wir ehrlich gestehn, daß nicht Iesus, sondern Paulus unser heiland, und wollen zu gleicher zeit gestehn, daß der maßstab unsrer zustimmung nicht wissenschaft, sondern unser bedürfnis und unsre neigung ist, daß wir nicht der geschichte folgen, die nun einmal unwiderruflich den anfang der neuen zeit an Iesum knüpft, sondern unserm subjektiven ermessen, daß also alle unsre unterordnung unter eine offenbarung keinen andern namen verdient als den der spiegelfechterei, weil wir uns in tat und wahrheit nur uns selbst unterordnen: wir ziehn uns wie weiland herr von Münchhausen an unserm eignen zopfe selbst aus dem sumpf. man kann, wenn man vorsichtig verfährt, aus den drei ersten evangelien mit einiger sicherheit auf die tatsachen schließen, die den berichten derselben zu grunde liegen: man kann von Iohannes den hintergrund, das klimatische colorit und die richtige farbenabtönung in der beleuchtung der scene gewinnen, auf der Iesus aufgetreten: von Paulus aus hat keine wissenschaft eine brücke rückwärts zu dem hohen meister, weil psychologische zustände für jeden unberechenbar sind, der nicht die umgebung des zu beurteilenden genau kennt, und wir diese in dem vorliegenden falle nicht kennen und nie kennen werden.

Paulus hat uns das alte testament in die kirche gebracht, an dessen einflusse das evangelium, so weit das möglich, zu grunde gegangen ist: Paulus hat uns mit der pharisäischen exegese beglückt, die alles aus allem beweist, den inhalt, der im texte gefunden werden soll, fertig in der tasche mitbringt, und dann sich rühmt, nur dem worte zu folgen: Paulus hat uns die jüdische opfertheorie und alles, was daran hängt, in das haus getragen: die ganze unten noch mit einigen worten zu besprechende jüdische ansicht von der geschichte ist uns von ihm aufgebunden. er hat das getan unter dem lebhaften widerspruche der urgemeinde, die, so jüdisch sie war, weniger jüdisch dachte als Paulus, die wenigstens nicht raffinierten Israelitismus für ein von gott gesandtes evangelium hielt. Paulus hat sich endlich gegen alle einwürfe gepanzert mit der aus dem zweiten buche des gesetzes herübergeholten verstockungstheorie, die es freilich so leicht macht zu disputieren, als es leicht ist, einen menschen, der gründe bringt und gegengründe hören will, damit abzufertigen, daß man ihn für verhärtet erklärt. es ist theologenlogik zu sagen: obwohl Israel in Iesus den Messias nicht erkannte, ist Iesus doch der Messias Israels, und, obwohl die eigentliche gemeinde des evangeliums den Paulus als verderber haßte, ist dennoch Paulus der wahre vertreter des evangeliums. wenn irgend welche kirche diese art logik weiter treiben will, mag sie es tun: jeder, der von wissenschaft das mindeste weiß, verbittet sich sie und alle die, welche ihr huldigen.

Nun ein drittes.

Die Juden, wenigstens diejenigen unter ihnen, welche ein judainfreies Judentum als die geeignetste weltreligion anpreisen, pflegen sich jetzt zu rühmen, ihre konfession sei mit darum so vorzüglich, weil sie keine dogmatik habe. bei verständigen leuten würde dieses nicht-haben als beweis einer hochgradigen geistigen verkrüppelung gelten: es zeigt ohne frage, daß das bedürfnis nach einer zusammenhängenden weltanschauung in diesen köpfen und herzen nicht existiert. insoferne das evangelium die idee vom reiche gottes an die spitze alles dessen stellt, was es lehrt, und die forderung vollkommen zu sein an die spitze alles dessen, was es fordert, ist es von selbst darauf gewiesen, seine anhänger eine gesammtansicht der welt suchen zu lassen, und wer entschlossen ist dem evangelium zu folgen, hat schon darum allen grund, die dogmatik als eine sittliche notwendigkeit anzusehn.

das evangelium ist eine durch religiöse genialität gefundene darlegung der gesetze des geistigen lebens, es ist also wesentlich beschreibung, so sehr beschreibung, wie die chemie und physik beschreibungen sind. wie nun der philosoph versuchen wird, auch die grundsätze etwa der mechanik in sein system einzufügen, dabei sich aber nicht beikommen läßt, Keplers ellipsenrechnungen, das Newtonsche gravitationsgesetz oder die erste formel Laplaces zu kritisieren, sondern nur darauf ausgeht, seine gesammtanschauung von der welt so zu bilden, daß Keplers, Newtons, Laplaces gesetze sich mit ihr vertragen und in ihr platz finden, so wird er auch versuchen die gesetze des geistigen lebens, die principien der geschichte und der ethik, in sein system einzufügen. durch beobachtung des lebens ist das evangelium bisher noch immer bestätigt worden: man kann daher ruhig jedem freistellen, das evangelium stückweise aus der geschichte und dem leben zu sammeln, während er es einfacher so leidlich schon beieinander finden kann. immer aber werden anschauungen wie die vom reiche gottes, von der sünde, von dem wege, auf welchem man der sünde quitt wird, mögen sie nun aus dem evangelium entnommen oder aus der eignen beobachtung des lebens gefunden sein, genau denselben wert haben wie Newtons fallgesetz und alle ähnlichen gesetze des physischen lebens. eine philosophie, die solche gesetze nicht anerkennt, ist narretei. die felsenfeste überzeugung, daß blausäure kein gift ist, hindert den, der sie hat, nicht zu sterben, wenn er blausäure einnimmt: und die ehrenwertesten leute werden, wenn sie die lehre des evangeliums, daß das gute nur in einem reiche, in einer gemeinschaft zu existieren im stande ist, nicht anerkennen, nur erleben, was unsre liberalen nächstens erleben werden, daß die sauberen reinlichen sandkörner vor dem ersten besten winde auseinander wehen, selbst wenn sie der fidelbogen der parteidisciplin eine zeit lang zu chladnischen figuren zusammengegeigt hat. das evangelium hat also von der philosophie genau so wenig zu befahren, wie die chemie oder physik von ihr zu befahren hat.

im verlaufe der geschichte haben wir es aber nicht mit dem evangelium, sondern mit dem christentume, das heißt dem mit jüdischen, griechischen und römischen elementen zu einem neuen stoffe verbundenen evangelium, und wir haben es nicht mit der philosophie, sondern mit philosophieen zu tun: wir müssen auch die artung der menschen in erwägung ziehen, welche die geistige arbeit der zeiten tun, da diese artung auf die beschaffenheit der arbeit einen bestimmenden einfluß übt. daraus ergibt sich die forderung, daß unsre glaubenslehre nicht auf behauptungen der christlichen kirche, auch nicht auf aussprüche der bibel, in welchem umfange man diese sich denken möge, sondern allein auf das, durch weitere beobachtung des geistigen lebens fortwährend ergänzte evangelium zurückzugehn hat, daß weiter alles, was in der zeit aufgetreten und mit der zeit vergangen ist, keinen anspruch machen darf, zur dogmenbildung benutzt zu werden, und daß, falls es benutzt worden ist, durch den nachweis dieser benutzung allein der beweis erbracht ist, daß das betreffende dogma einen wert nicht besitzt, daß drittens alles, was nicht in der idee der alten nationen (denn diese idee beruht auf göttlichem willen, und ist berechtigt sich geltend zu machen), sondern in der ausartung der tatsächlich bestehenden oder bestanden gewesenen nationen, alles, was nicht in dem genialen kerne der hier tätigen personen, sondern in deren von der außenwelt abhängigen, von der sünde entstellten und am hindringen zum ziele vielfach gehemmten zeitlichen erscheinung beruht, alles, was nicht auf individuelle genialität, sondern auf den schein derselben zurückgeht, daß dies alles gar kein recht hat in der dogmenbildung mitzusprechen, und, wenn es mitgesprochen hat oder mitspricht, nicht verlangen darf gehört zu werden.

durch diese erwägungen gewinnen wir einen maßstab zur beurteilung der umlaufenden dogmatik, der allerdings eine recht beträchtliche anzahl dogmen als unter der verlangten größe zurückbleibend zurückstellen heißt. es hieße die zeit verderben, sich mit widerlegen solcher dogmen einlassen. die kritik der dogmen ist durchaus in die geschichte ihrer entstehung gelegt, und es bleibt der bestehenden dogmatik wenig andrer ruhm als der, manche fragen gestellt zu haben, welche beantwortung verlangen. sie liefert kapitelüberschriften ohne die kapitel, und nicht ganz selten kapitelüberschriften, zu denen es sich gar nicht verlohnt ein kapitel zu schreiben.

sehen wir zunächst die personen an, welche bei der dogmenbildung tätig gewesen sind. hier ist eine beschränkung geboten, soferne es sich zur zeit nur um die dogmen handelt, welche der katholischen und den protestantischen kirchen gleichmäßig für orthodox gelten, also auch die betrachtung nicht über die älteste, nach uns zu allerdings nicht ganz leicht abzugränzende epoche der kirchengeschichte hinausgehn darf.

grade in dem teile der christlichen kirche, welcher die älteste, am allgemeinsten anerkannte dogmenbildung allein besorgte, dem griechisch redenden, liegt eine grauenerregende armseligkeit für jeden, der sehn kann, offen zu tage. der einzige, der dort ursprüngliches leben zeigt, Origenes, ist mehr als blos im verdachte der ketzerei. die jüdischen schriften des zweiten und dritten jahrhunderts, Mischna, Mechilta, Sifra, Sifri sind gewiß tötend langweilig, aber es ist doch ein sittlicher ernst in ihnen, es handelt sich um dinge, die den von ihnen sprechenden, so gleichgültig sie uns scheinen, am herzen liegen: in der griechischen kirche redet die sophistik und rhetorik des späteren Griechenlands ohne griechischen geist und ohne griechische anmut: sie redet mit erborgter gelehrsamkeit, von der religion ohne religion, vom leben in phrasen, und mit einer selbstgefälligkeit und selbstzufriedenheit, die deutlich zeigt, daß Mephistopheles hier auf den kontrakt mit Faust hin recht viele kirchenväterseelen erwischt haben würde. das ganze wirklich wissenschaftliche leben der zeit ist in der haeresie und auf kirchlichem gebiete in der liturgie zusammengedrängt. sollen wir da erwarten, daß die dogmenbildung in der richtigen weise vor sich gegangen ist? die auf diesem felde von der kirche beschäftigten menschen waren alle unendlich klein: die kraft der kirche lag in den märtyrergräbern über das ganze römische reich hin, nicht in den plappernden sophisten der dogmatischen schulen: sie lag in den stillen seelen, die schließlich aus einer welt, die unrettbar verloren schien und unrettbar verloren war, in die wüsten flohen, nicht in den prälaten, die mit den excellenzen der beamtenhierarchie möglichst auf du und du lebten: sie lag in allen denen, die heimweh hatten nach einem lande, wo nicht wasser und wind kühlen und nicht die sonne wärmt und leuchtet, nicht in denen, welche die welt, deren sauerteig sie nicht sein wollten, zu erobern wünschten, die nicht zu herrschen verstanden, weil sie zu beherrschen trachteten.

ich erlaube mir nun noch eine andeutung über die objektiven quellen der orthodoxen dogmatik.

die dogmatische entwickelung des christentumes in der eigentlich schöpferischen periode der dogmatik, in der periode, in welcher die im katholicismus und protestantismus gleichmäßig gültigen grundlehren der kirche festgestellt wurden, ist wesentlich beeinflußt von dem aus der geschichte der philosophie hinlänglich bekannten regierungswechsel auf dem gebiete der philosophie, der gegen ende des alten römischen reiches Aristoteles an die stelle setzte, an der so lange Plato gestanden hatte. alle die dogmatischen begriffe, welche unsern jungen leuten so hart eingehn, sind platonisch oder aristotelisch, und die dogmatische arbeit hat hauptsächlich darin bestanden, die anschauungen, welche in der kirche umliefen, mit den hellenischen systemen auseinanderzusetzen. darum sind alle diese dogmen völlig unverbindlich, und kirchen, welche sie für verbindlich erklären, haben erst den beweis zu liefern, daß die zur bildung dieser dogmen benutzten lehren des Plato und Aristoteles objektiv gültig sind, und daß die kirchlichen

anschauungen, welche andrenteils in dem dogma stecken, lediglich
auf dem evangelium beruhen. Endlich das letzte bedenken, welches ich gegen das christentum geltend zu machen habe: der religionsbegriff des christentums
ist falsch. Religion ist überall da, wo sie anerkanntermaßen vorhanden
ist, nicht vorstellung von, nicht gedanke über, sondern persönliche
beziehung des frommen auf gott, leben mit ihm. sie ist unbedingt
gegenwart, hoffnung auf die zukunft nur insoferne, als der umgang
mit dem ewigen jedem der ihn übt, unumstößliche gewißheit gibt,
daß er selbst auch ewig ist. mit dieser einsicht völlig unverträglich
ist es, historische ereignisse in wesentliche beziehung zur frömmigkeit zu setzen., man kann sehr wohl sagen, daß zu einer bestimmten zeit zum ersten male die und die objektive tatsache der idealen welt religiös erfaßt worden ist: der hauptaccent wird aber für
überlegte menschen stets auf der tatsache und dem mächtig werden derselben, nicht aber auf dem kalenderdatum dieses mächtigwerdens liegen: wir haben als individuen nur das interesse nach
solcher epoche zu leben und den dank dafür, daß wir es tun,
nicht aber ist es von wert, alle einzelnheiten des vorganges zu
kennen, der in gottes augen nur mittel zum zwecke ist, und deshalb auch in unsern augen ein mehreres nicht sein soll, und darum muß nicht Straußens werk über das leben Iesu, welches aus
ehrlichem wissensdrange hervorgegangen ist, sondern die anschauung als teufelswerk gelten, daß es überhaupt auf eine biographie
Iesu, und nicht vielmehr auf Iesum und sein evangelium ankomme.
die orthodox-christliche anschauung von der geschichte ist fetischismus, nur daß dieser sich statt auf das natürliche einzelding auf die
historische tatsache richtet.

. daß unsre zeitgenossen dem nachdenken großer gedanken möglichst aus dem wege gehn, dafür aber biographischen untersuchungen großen fleiß widmen, kommt wohl daher, daß die möglichkeit
altgedachte gedanken bei uns neu einzubürgern in folge der durch
das parteitreiben und durch die zustände unsrer schulen und universitäten hervorgerufenen entnervung der nation außerordentlich
gering, darum der versuch, solche gedanken neu in umlauf zu
setzen, nicht sehr praktisch, und dabei doch noch das bewußtsein
vorhanden ist, daß man an jenen alten schätzen nicht so ganz
vorbeigehn dürfe. große männer sind unbequem, weil sie kleine

menschen zwingen sie anzuerkennen (welche anerkennung durch
haß ebenso füglich bezeugt wird, wie durch liebe) und sich in folge
dieser anerkennung irgendwie und irgendwieweit nach ihnen zu
ändern: von großen männern wissen ist sehr bequem, weil es erlaubt, sich an dem eignen, jenen größen gewidmeten fleiße zu weiden und zu spiegeln, und doch ganz so jämmerlich zu bleiben wie
man ist. bekanntlich unternimmt der mensch zehnmal lieber eine
wallfahrt, die er mit den beinen abmachen kann, als er sich entschließt die geringste üble gewohnheit abzulegen, wozu willen gehört, und nicht blos motorische nerven. und so ist es auch, wenn
dieser weg von irgend jemandem gezeigt worden, viel unverfänglicher an
den ausschließlichen wert irgendwelcher altersgrauen begebenheit zu
glauben, als sich von der kraft, welche in jener begebenheit zur geltung gekommen ist, innerlich umgestalten zu lassen. Iesus hat auf
seinen tod den accent nicht gelegt, welchen die kirche auf ihn legt.
dies erhellt daraus, daß er sofort bei seinem auftreten vom evangelium und vom reiche gottes redet, er also ersteres nur in dem
was er selbst sagte, letzteres in sich selbst als der urzelle der
neuen bildung erblickt hat, mithin sein leben, aber nicht sein tod
die grundlage des reiches gottes war. wir haben auch hier wieder Paulus als den begründer der jetzt geltenden ansichten zu
nennen. Paulus war als Pharisäer gewöhnt, das heil seines volkes
von dem tage zu datieren, an welchem auf dem Sinai das gesetz
verkündet worden war: mehr noch als das, er war gelehrt, daß
Israel die blüte der menschheit sei, und die menschheit nur in
und durch Israel beglückt werden könne. er betrachtete also die
gedenktage seiner nation als epochen des heils für alle welt.
pascha, pfingsten, gesetzesfreude, laubhütten, tempelweihe, purim
und die kleinen festtage, welche die sogenannte fastenrolle aufzählt,
sind sammt und sonders nationale gedenktage, fast möchte ich sagen familienfeste, die religiösen charakter nur dadurch erhalten,
daß die sie feiernde nation eine bedeutung für die menschheit zu haben sich einbildet, und deren freude völlig ausblaßt,
wenn man keinen wert mehr auf die erhaltung der israelitischen erstgeborenen in Aegypten und das weiter gefeierte legt.
die anschauung des Paulus von der geschichte verband sich mit
seiner idee vom opfer und dessen kraft, und dies um so mehr,
als dem langjährigen verfolger des evangeliums durch seine eigne
lebensgeschichte der begriff sünde in ganz andrer weise nahe ge-

rückt war, als den armen fischern und handwerkern in Iesu umgebung. diese hatten in ihren engen verhältnissen und gleichförmig abrollendem leben schwerlich gelegenheit grob zu sündigen, und besaßen für das peinigende gefühl, nie vollkommen zu sein und unaufhörlich andere zu hemmen oder nicht zu fördern, schwerlich besondere empfänglichkeit. so kamen Paulus und der ihm nahe stehende verfasser des briefes an die Hebräer, der Levit Barnabas, zu der feier des todes Christi und seiner auferstehung, die für den protestantismus vollständig verhängnisvoll geworden ist. zwar hat die gesammte christliche kirche das jüdische princip aufgenommen, einmal geschehenes statt des immer von neuem geschehenden, vergangenes statt des gegenwärtigen als objekt religiöser gefühle anzusehn, aber in ihrer älteren gestalt hat sie es mit bewundernswert richtigem instinkte verbessert, indem sie dem einmaligen blutigen ein immer sich wiederholendes unblutiges opfer zur seite setzte, indem sie überhaupt alles tat, was das vergangene gegenwärtig zu machen geeignet schien. das meßopfer ist die stärke des katholicismus, weil erst durch das meßopfer das christentum (ich sage nicht: das evangelium) religion wird, und nur religion, nicht aber surrogat der religion menschenherzen an sich fesseln kann. der ewige menschengeist wird von einmal geschehenem nicht befriedigt. es ist nicht religion, sondern sentimentalität, sich in gewesenes zu versenken, und das bewußtsein von dem immanenten leben ewiger gewalten in der zeit schwindet in dem maße, als die von jahre zu jahre schwächer werdende erinnerung an uralte, sich nicht erneuernde tatsachen als religion angepriesen wird. daher ist uns die religion ein meinen, ein dafürhalten, ein glauben, ein vorstellen, statt ein leben zu sein, und ehe wir diese grundgiftige anschauung nicht aufgeben, ist irgend eine besserung unsrer zustände gar nicht möglich. wir brauchen die gegenwart gottes und des göttlichen, nicht seine vergangenheit, und darum kann vom protestantismus und, bei der unannehmbarkeit der katholischen meßopferlehre, auch vom katholicismus, darum kann vom christentume für uns nicht mehr die rede sein.

V.

Es dürfte nachgewiesen sein, daß das christentum, also katholicismus und protestantismus, eine entstellung des evangeliums ist. es ist nur noch einem einwurfe zu begegnen, der ohne zweifel von vielen gemacht werden wird, dem einwurfe, wie es sich mit der göttlichen vorsehung vertrage, ein eben der menschheit gemachtes geschenk sofort in dieser weise verunstalten und seiner wirksamkeit berauben zu lassen. die sache läßt sich aber für jeden aus der beobachtung seines eignen lebens hinlänglich erläutern. es ist nicht die art der vorsehung einem kinde, welches durch schuld der wärterin in jungen jahren verkrüppelt, seine lahm gewordenen glieder durch vollkräftige neue zu ersetzen. die vorsehung verlangt —. und wem, der von ihr betroffen ist, würde diese aufgabe zu lösen nicht schwer? — daß der physische mangel in irgend einer, durch die verhältnisse angezeigten weise zu einem geistigen gute umgewandelt werde: es ist ihr geheimnis, warum sie handelt wie sie handelt: sie zürnt schwerlich dem, der sich in solchen mangel anfangs nur mit murren fügt, und vielleicht auch in späteren jahren in dies murren zurückfällt.

noch mehr als das. wir sehen es, so wie wir uns selbst oder uns wirklich nahe stehende genau beobachten, daß stets der sohn gottes für den menschensohn leidet, das heißt, daß auch die sünden des menschen darum, daß sie abgetan und vergeben sind, nicht aufhören ihre folgen zu haben. von der unvorsichtigkeit an, die einen leiblichen schaden zu wege gebracht hat, über die albernen streiche der jugend hin'zu den schwereren sünden des reiferen alters — überall dasselbe gesetz: auch das schwerste leiden, was den menschen treffen kann, um seiner sünde willen, die er längst begraben hat, gutes nicht tun oder nicht so tun zu können, wie er es gerne wollte, — nichts an den natürlichen folgen der sünde bleibt dem erspart, der gesündigt hat. was durch die versöhnung, das geistige neue leben des sünders aufgehoben wird, das ist nur die geistige folge der sünde: für den versöhnten, neugeborenen hängt an der sünde nicht, daß sie neue sünde gebiert.

wir dürfen bei der gleichartigkeit des ethischen lebens annehmen, daß in der geschichte des menschengeschlechtes dieselben gesetze herrschen, die in der geschichte des einzelnen menschen erkennbar sind. die gesetze der natürlichen entwickelung bleiben auch für das größeste neue, das in die entwickelung eintritt, unverändert. die ideen treten in das irdische leben unter keiner andern bedingung ein als die sind, unter der die sünde in dasselbe eintritt. sie sind ebenso ein fortschritt wie die sünde ein fortschritt ist, ein *novum*. aber wie die vorsehung dafür gesorgt hat, daß in dem sünder, der ein neuer mensch wird, die fähigkeit der sünde, neue sünde hervorzurufen, erlischt, obwohl alle andern folgen der sünde bleiben, so sorgt sie dafür, daß der idee das vermögen neue ideen zu zeugen bleibt, auch wenn sie von allen möglichen zutaten entstellt wird, vorausgesetzt auch hier wieder, daß ein wiedergeborner ihr gegenüber steht: denn nur dem der hat, wird gegeben.

gott scheint das so geordnet zu haben, weil er erziehen will. er gibt nicht magisch, sondern er gibt, indem er fordert. er fordert die perle im schutte zu suchen, statt sie in die hand gleiten zu lassen: er vergibt, indem er stets erinnert, daß die versöhnung nötig war. so macht er fleißig und demütig, und fleiß und demut sind besser als faulheit und stolz.

VI.

Die bisherigen auseinandersetzungen haben den weg hinreichend gebahnt, um zu einer verständigung über das zu kommen, was bei dieser lage der sache geschehen muß.

Ich verstehe unter staat die anstalt, welche allen notwendige oder selbst nur allen wünschenswerte, aber durch die anstrengungen eines oder mehrerer einzelner nicht erreichbare ziele im auftrage aller und mit den von allen dargebotenen mitteln zu erreichen sucht. damit ist gegeben, daß der staat nichts zu leisten hat, wo der einzelne oder die einzelnen leisten können: daß er nur zu leisten hat, was allen notwendig ist und dabei seinem wesen nach nur durch eine gemeinschaftliche anstrengung aller geleistet werden kann: daß sein recht, seine macht und seine pflicht soweit gehn als die allgemeinnotwendigkeit der ziele, welche er sich steckt. der staat darf ihm anvertraute gelder der nation nur dann ausgeben, wenn er überzeugt ist, daß das, wofür er diese gelder ausgibt, gemeingut der nation ist oder werden kann. er wird zum beispiel für das heer, für schulen, für kanäle, für landstraßen, für forsten geld anzuweisen berechtigt sein, weil alle diese dinge dem nationalen leben nötig sind, das einzelne mitglied der nation oder eine gemeinschaft von einzelnen mitgliedern derselben diese dinge aber entweder gar nicht oder nur unvollkommen pflegen kann, auch nicht verpflichtet ist, was allen zu gute kommt, aus privatmitteln zu beschaffen.

wenden wir dies auf die kirchen an, so darf der staat staatsgelder für sie nur ausgeben, wenn er überzeugt ist, daß sie ein notwendiges besitztum der nation und von gliedern der nation nicht zu erhalten sind. damit dürften wir schon zu der einsicht gelangen, daß kirchen im plurale nur insofern den staat angehn, als sie etwa verschiedene seiten derselben sache zum ausdrucke brächten, als sie sich gegenseitig ergänzten und endlich in einer vollkommenen harmonie zu vereinigen vorhätten. daß dies von den vorhandenen kirchen nicht in aussicht genommen werden darf, ist zweifellos gewiß, und darum aus der existenz sich einander anfeindender und ausschließender kirchen von vorne herein sicher, daß der staat nicht berechtigt ist, ihnen ersteuertes geld zu gute kommen zu lassen: dies dürfte er nur an eine nationale kirche wenden. mithin ist die erste forderung, welche wir zu stellen haben, die, unter gesetzmäßiger lösung der verbindlichkeiten, welche frühere vertreter der nation im staate gegen bestimmte religiöse gemeinschaften etwa eingegangen sein sollten, von jetzt ab alle zur zeit bestehenden religiösen gemeinschaften Deutschlands, den katholicismus und protestantismus eingeschlossen, für sekten zu erklären, durch welche erklärung selbstverständlich den rechten des staates an die individuen, aus welchen diese sekten zur zeit gebildet werden, in nichts praejudiciert wird. alle jetzt vorhandenen religiösen gemeinschaften ohne eine einzige ausnahme stehn dem staate gegenüber auf dem aussterbeétat: je früher man sie auf denselben setzt, desto eher werden sie aussterben, denn ihr leben ist durchaus, wenn auch in verschiedener art, ein künstliches, durch die beachtung, die man ihnen widmet, und durch ihren gegensatz unter einander erhaltenes.

das wirkliche leben, welches die verschiedenen religiösen gemeinschaften etwa besitzen, wird durch eine solche maßregel nicht beeinträchtigt, im gegenteile, es wird vermehrt werden, und so der nation in ganz anderer weise zu gute kommen als jetzt. es wird sich auch, wenn die maßregel eine allgemeine und mit gleichmäßiger gerechtigkeit durchgeführte ist, niemand durch sie verletzt finden dürfen. vertreten die kirchen wirklich ideale anschauungen des lebens, so müssen sie überzeugt sein, daß sogar verfolgung — und von dieser ist nicht die rede — ihre wirksamkeit nur steigern würde: sie müssen überzeugt sein, daß sie auf eignen füßen werden stehn und gehn können. jede klage über die lösung des jetzigen verhältnisses zwischen dem staate und den kirchen würde ein unbedingtes eingeständnis der eignen schwäche und der unfähigkeit sein, anders als mit unterstützung der weltlichen macht zu existieren.

die sache dürfte dem noch klarer sein, welcher das vorher über katholicismus, protestantismus und christentum gesagte für richtig oder doch in seinen hauptzügen richtig hält. in diesen religionen ist, soferne sie unter vielen andern bestandteilen auch das evangelium und auch wirkungen der person Iesu enthalten, an lebenselementen kein mangel, diese lebenselemente sind aber mit so vielen todeskeimen und so vieler verwesung verbunden, daß katholicismus und protestantismus als ganze, auch abgesehen davon, daß sie als zum teile sich bekämpfend nicht zu gleicher zeit anspruch auf pflege durch den nationalen staat haben, unmöglich vom staate irgend welchen vorschub aus staatsmitteln beanspruchen können.

ohne zweifel ist die luntenflinte einmal eine wertvolle waffe gewesen: aber eben so zweifellos ist, daß man einen kriegsminister, der jetzt ein heer mit luntenflinten bewaffnen wollte, in ein irrenhaus stecken würde. ohne zweifel hat Tycho Brahe und hat Ptolemäus eine bis zu einem gewissen punkte brauchbare astronomie gelehrt: aber eben so ohne zweifel wird der staat jetzt nur Copernicaner anstellen. armbrüste, luntenflinten, Galenus, Tycho Brahe und alles ähnliche ist für den gegenwärtigen staat einfach nicht vorhanden, obwohl er jedem liebhaber (vorausgesetzt, daß dadurch andern ein nachteil nicht zugefügt wird) nicht wehren kann sie zu lieben und zu empfehlen. ganz ebenso müssen katholicismus, protestantismus, irvingianismus, Judentum und was es sonst an ismen und tümern gibt, aus der sphäre des staates durchaus entlassen werden, weil man kompetenter seite völlig klar darüber sein kann und sein muß, daß wegen der inneren unmöglichkeit, die ihnen anhaftet, nie eines dieser religionssysteme das in Deutschland herrschende werden wird. wir werden nicht zu wünschen haben, daß privatim diese gemeinschaften lange fortbestehn: tun sie es, so müssen wir verlangen, daß es in der stillen, harmlosen weise etwa der brüdergemeine geschehe, die zufrieden mit ihrer eignen befriedigung dem staate gibt was dem staate gebührt, und selbst keinerlei ansprüche an den allgemeinen seckel und die allgemeine anerkennung macht.

Die gelegenheit, das verhältnis des staates zu den kirchen zu regeln, ist für Deutschland eine ausnamsweise günstige.

als es sich jüngst um die reichskleinodien handelte, ist ausdrücklich ausgesprochen worden, daß das deutsche reich eine fortsetzung des heiligen römischen reiches deutscher nation nicht sei und eine solche auch nicht sein wolle: kaiser Wilhelm trägt nicht die krone Karls des großen.

ebensowenig ist das deutsche reich eine fortsetzung der petrificierten revolution, welche wir bundestag nannten.

wie mit den eisenbahnen das eisenbahnrecht entstand, so entsteht mit dem neuen deutschen reiche das deutsche recht. dies deutsche recht kann früher gültig gewesene bestimmungen herübernehmen, so gut der code Napoléon die coûtumes de Paris und das obligationenrecht der Römer in sich aufgenommen hat: immer aber ist was im deutschen reiche recht ist, recht kraft des deutschen reiches und kraft der diesem reiche innewohnenden befugnis, seine angelegenheiten zu ordnen.

kommt eine solche neue person in die lage mit andern schon bestehenden, ihr gleichwertigen juristischen personen beziehungen pflegen zu müssen, so ist sie auf die abschließung von verträgen gewiesen. bis diese verträge abgeschlossen sind, kommt beiderseits alles lediglich auf den guten willen an, ein leidliches verhältnis aufrecht zu erhalten: es wird klug sein, von keiner seite dies verhältnis zu trüben, weil begreiflicher weise der abzuschließende vertrag sich in seinem inhalte und seiner form nach dem maße von sittlicher zuverlässigkeit und zurechnungsfähigkeit richtet, welche die vertragenden bei einander wahrgenommen haben.

es würde nicht geschickt sein statt im reiche mit der curie zu verhandeln, beziehungsweise mit ihr krieg zu führen, in den einzelnen staaten des reiches, die von der bestehenden gesetzgebung sich doch nur auf grund ihres verhältnisses zum reiche losmachen können, mit den bischöfen und den orden zu streiten. je vornehmer man diese angelegenheit abmacht, desto besser.

hat der papst ein majestätsrecht, so folgt daraus und aus dem umstande, daß der deutsche kaiser ebenfalls ein majestätsrecht besitzt, die notwendigkeit das verhältnis zwischen kaiser und papst auf internationalem wege zu regeln. so lange das nicht geschehn ist, werden die personen, welche beiden majestäten untertan sind, auf die humanität derjenigen der beiden angewiesen sein, in deren staate sie leben, aber auf nichts mehr: sie sind geduldet.

erkennt die curie das deutsche reich nicht an, so ist dagegen nur Eine hülfe: Deutschland muß zeigen daß es da ist, und zwar nicht negativ durch strafen und drohungen gegen die, welche von ihm nichts wissen wollen, sondern dadurch, daß es das gute in so idealer weise als möglich fördert, daß es so energisch als möglich lebt.

fürchtet sich Nordamerika vor dem vaticanischen concile? die unfehlbarkeit des papstes hat, da sie nun einmal ausgesprochen ist, für den papst nicht mehr und nicht weniger wert, als die grundrechte der frankfurter verfassung für das deutsche volk haben. solche formeln erhalten wirkliche bedeutung erst durch die anwendung, und werden, weil greifbar, auch angreifbar nur durch sie. macht der papst von seinem lehramte einen der welt heilsamen gebrauch, so wird keine regierung ihm widerstehn können: wendet er es zum unsegen der menschheit an, so braucht keine regierung ihm entgegenzutreten: in diesem falle besorgt er seinen sturz allein. wie ein papst sein lehramt auffaßt, hängt lediglich von seiner persönlichkeit ab: der große kurfürst würde auch in der den fürsten beschränkendsten monarchie stets der leiter und die seele seines staates und seiner nation gewesen sein, Ludwig XV hätte in dem denkbar vollkommenst organisierten staate stets nur die rolle einer unterschreibenden null gespielt. der ganze handel spitzt sich mithin praktisch in eine personenfrage auf der einen, und in die frage nach einer wirklichen, das heißt idealen, bildung der völker auf der andern seite zu. die regierungen werden den unfehlbaren papst auf jeden fall am besten dadurch bekämpfen, daß sie alles gute, welches er durch seine unfehlbarkeit tun könnte, eiligst selbst tun: dann brauchen sie nicht zu besorgen, daß das, was er schädliches unternehmen könnte, ihren staaten schade.

VII.

Eine selbstverständliche folge davon, daß der staat die historischen kirchen zu sekten erklärt, ist es, daß er die anstalten, auf denen diese kirchen ihre priester und geistlichen für den kirchendienst vorbereiten, aufhebt, oder, was dasselbe ist, als seminare den kirchen übergibt. die jetzt bestehenden theologischen fakultäten sind unhaltbar.

eine reorganisation des unterrichtswesens ist so dringend notwendig als es unwahrscheinlich ist, daß sie in bälde werde vorgenommen werden: sie muß viel durchgreifender sein, als man sich vorzustellen pflegt, und wird, wenn sie zweckentsprechend ist, wesentlich anders ausfallen, als die öffentliche meinung sie sich denkt, also schwerlich ohne kampf durchgeführt werden können: bis auf sie mit der aufhebung der theologischen fakultäten zu warten möchte, wie die sachen liegen, kaum ratsam sein, weil den massen ernst zu zeigen angebracht scheint, und darum verständliche maßregeln zu ergreifen sind.

VIII.

Wie steht es nun aber um die frage, ob der staat darum, weil er historisch bestehende religionsgemeinschaften mit gleichgültigen augen ansieht, auch die religion an sich nicht in den kreis seiner wirksamkeit ziehn soll? aus dem oben gesagten dürfte erhellen, daß der staat sich dann um die religion zu kümmern hat, wenn die religion etwas ist, dessen die nation als solche bedarf, und das doch von ihren gliedern nicht beschafft werden kann.

Daß die religion der nation als solcher, das heißt, daß jeder nation eine nationale religion notwendig ist, ergibt sich aus folgenden erwägungen.

Nationen entstehn nicht durch physische zeugung, sondern durch historische ereignisse: historische ereignisse aber unterliegen dem walten der vorsehung, die ihnen ihre wege und ziele weist: darum sind nationen göttlicher einsetzung: sie werden geschaffen. sind sie das, sind sie also nicht durch den regelmäßigen gang der natur, nicht durch zufall ins dasein getreten, so hat ihr schöpfer mit ihrer erschaffung einen zweck verbunden, und dieser zweck ist ihr lebensprincip: die anerkennung dieses zweckes eine anerkennung des göttlichen willens, welcher diesen zweck erreicht haben will: ohne sie ein leben der nation und die nation selbst nicht denkbar. immer von neuem die mission seiner nation erkennen, heißt sie in den brunnen tauchen, der ewige jugend gibt: immer dieser mission dienen, heißt höhere zwecke erwerben und mit ihnen höheres leben.

dieser sachverhalt macht die religion zu einer notwendigkeit für jedes volk.

allein es geht weiter, wenn auch nicht der sache, so doch der entfaltung der sache nach.

nationen können nur frei sein, so lange innere zusammengehörigkeit, also die idee, die teile zu gliedern macht. nur gliedern läßt man zu sich zu bewegen, wie sie wollen, weil sie als glieder sich nie vom ganzen trennen und nie etwas wider das ganze tun.

frei ist nicht, wer tun kann was er will, sondern wer werden kann was er soll. frei ist, wer seinem anerschaffenen lebensprincipe zu folgen im stande ist. frei ist, wer die von gott in ihn gelegte idee erkennt und zu voller wirksamkeit verstattet und entwickelt.

überall die idee die erforderte bedingung! und von wem stammt die idee als von gott?

Ich hätte nach der folge der erörterung, nachdem gezeigt worden, daß die nation als solche der religion nicht entraten kann, hier auseinanderzusetzen, daß die einzelnen glieder der nation nicht im stande sind die nationale religion hervorzurufen. ich muß viel weiter gehn: ich muß nicht nur den einzelnen Deutschen, sondern auch dem deutschen staate diese kraft absprechen.

religion ist nie ein werk menschlicher gedanken, menschlicher sehnsucht, menschlicher tätigkeit. eben weil sie bindet, erzieht, leitet, tröstet, ist sie ihrem begriffe nach göttlichen ursprunges, oder sie ist eine einbildung übelberatener narren, herrschsüchtiger zeloten. der staat kann kenntnisse durch seine schulen verbreiten, er kann aber ideen nicht einleuchten machen, nur der genius bringt die ideen, nur der religiöse genius die religiösen ideen, und auch der staat hat es nicht in seiner gewalt den genius zu rufen.

Aber Eins kann der staat. er kann der religion den weg bereiten, und er muß es.

IX.

Hier bin ich an dem punkte angelangt, wo ausgesprochen werden kann und muß, was die theologie sein soll: die pfadfinderin der deutschen religion.

Theologie ist das wissen um die religion überhaupt, nicht, wie sich die meisten einbilden, die von ihr reden, ein wissen um den protestantismus oder den katholicismus. religion ist überall, wo übermenschliche, sie ist sogar schon, wo außermenschliche mächte eine einwirkung auf das gemüt von menschen haben, reale mächte eine reale einwirkung, das heißt eine einwirkung, die den beeinflußten zu gedanken und handlungen veranlaßt, welche er ohne diese einwirkung nicht gedacht und nicht getan hätte. darum ist, weil die religion dies ist, auch die theologie überall auf der erde zu hause, auf die leisen gebete der herzen lauschend und auf das besserwerden derer merkend, die so beten, weil sie daraus schließt, daß gott an dieser stelle gegenwärtig gewesen ist.

solche theologie gehört unbedingt auf die universitäten, und der staat hat für sie und ihre hülfswissenschaften lehrstühle zu errichten: denn religion ist eine realität, und alles reale fällt in den bereich der wissenschaft.

Durch die theologie lernt der forscher die religion überhaupt und lernt er die gesetze kennen, nach welchen die religion sich darlebt: er tut dies durch beobachtung aller religionen, von denen er überhaupt sichere kunde erlangen kann.

absichtlich sage ich zuerst über den zweiten dieser beiden punkte ein wort. Was in allen religionen oder in vielen von ihnen vorkommt, muß ein erscheinungssymptom der religion an sich, kann nicht merkmal einer einzelnen religion sein. um einen punkt herauszugreifen, der am verständlichsten sein wird: zeigen viele religionen wunderglauben, so ist das wunder nicht ein beweis für die kräftigkeit und göttlichkeit der religion, welcher zu liebe die wunder erzählt werden: es ist symptom davon, daß das religiöse leben auf einer bestimmten stufe angekommen ist. jedes wunder des Buddhismus beweist dem theologen, der sein fach versteht, gegen die beweiskraft der christlichen wunder: denn daß die urkundliche bezeugung buddhistischer wunder nicht besser und nicht schlechter ist, als die der wunder des christentums, bedarf kaum noch der versicherung. durch dieses studium der religionen wird die theologie das deutsche volk die gesetze kennen lehren, unter denen die religion lebt, und sie wird so die abscheuliche verwechselung der symptome der sache mit der sache abschaffen, welche eine hauptursache der verachtung der religion ist, und ein hauptmittel derer, welche auf diesem gebiete fälschen wollen.

theologie kann also klar erkennen lassen, was an den religionen ewig, was zeitlich ist, was inhalt und was form, und kann darum über das wesen der religion überhaupt aufklären. sie ist nicht eine philosophische, sie ist ausschließlich eine historische disciplin: sie gibt ein wissen von der religion, soferne sie eine geschichte der religionen gibt. ahne ich aber recht, so kann sie aus der bisherigen bahn dieses segensreichen sternes die kurve berechnen, in welcher er weiter gehn wird. denn so frei gott waltet, er tut nichts von ungefähr, und wer ihn im schweren gefunden, der weiß, daß er nun nicht im leichteren, sondern im schwereren zu finden sein wird.

Theologie kann weiter die substanz der verschiedenen religionen, mit denen sie sich zu beschäftigen hat, klar darlegen: es ist völlig unmöglich, daß das bekanntwerden dieser substanz nicht die liebe derer nach sich ziehn sollte, die sich mit ihrer erforschung, sei es als lehrer, sei es als schüler, beschäftigen. an dieser auffassung der sache hängt ein gewisser polytheismus, die freudige anerkennung des der orthodoxie aller religionen so verhaßten faktums, daß gott neidlos zu allen zeiten und bei allen völkern sich menschen offenbart hat: gütige und feinfühlige gemüter werden diese offenbarungen alle anerkennen, und reicher sein in dieser besitz vermittelnden anerkennung als diejenigen, welche nur auf Einem flecke der zeit eine solche offenbarung zugeben und ihre liebe auf diese beschränken.

ich wünsche aber hier keine unklarheit darüber bestehn zu lassen, daß mit der forderung lehrstühle für theologie zu errichten nicht verlangt wird, daß die personen, welche vorhaben geistliche bestimmter konfessionen zu werden, gezwungen sein sollen die vorlesungen dieser neuen professoren der theologie zu hören. damit würde man, ganz abgesehn davon, daß es um jeden zwang ein außerordentlich garstiges ding ist, nichts ausrichten, oder nur die jetzt schon unerträglich schlimmen zustände noch verschlimmern.

um letzteres zuerst zu besprechen, so ist die unreinlichkeit der überzeugungen auf protestantischem gebiete durch das auf ihm nun schon über ein jahrhundert lang betriebene ineinandermanschen wissenschaftlicher velleitäten und konfessioneller anwandelungen in einem grade gewachsen, daß grund in diese schmutzige wäsche zu bringen gar nicht mehr möglich ist, und jeder, der die verhältnisse wirklich aus dem leben kennt, ein grauen davor empfindet, das sammelsurium von standpunkten und standpünktchen, mit dem wir jetzt zu kämpfen haben, durch zumischung katholischer anschauungen noch weiter zu vermehren und noch undurchdringlicher zu machen.

katholiken, protestanten, Juden zwingen wissenschaftliche vorlesungen über theologie zu hören heißt ihnen erklären, daß man sie zwingen will, ihren religiösen standpunkt aufzugeben.

zwischen wissenschaft und jeder historisch gewordenen religiösen gemeinschaft ist ein abgrund.

jede religiöse gemeinschaft muß im ausschließlichen besitze der wahrheit, und zwar der ganzen wahrheit, zu sein glauben: glaubt sie das nicht, so hat sie kein gutes gewissen und ihre die-

4*

ner werden für heuchler auch bei denen gelten, welche über die gründe dieser ihrer anschauung sich rechenschaft abzulegen gar nicht im stande sind: diese diener werden anbrüchige waare sein, die der nation zur unehre und zum schaden gereicht. die theologie, wie ich sie fasse, sieht im besten falle die religion der bestehenden religiösen gemeinschaften als Eine der vielen seiten der religion und als der ergänzung — und das will sagen: der berichtigung — durch die übrigen bedürftig an: diese theologie erlaubt sich eine freie kritik der entwickelung, welche die einzelnen religionen gehabt haben, und scheut sich durchaus nicht die fehler dieser entwickelung aufzudecken unter gleichzeitiger angabe der ursachen, aus denen diese fehler entsprungen sind: sie darf über alle diese dinge gar nicht schweigen. es wäre den künftigen dienern des katholicismus, des protestantismus und des Judentums in ihrem eignen interesse sehr zu wünschen, daß sie solche theologie hörten und beherzigten, aber man soll sich, wenn man dies wünscht, nur darüber ja keinen täuschungen hingeben. daß diese leute in dem maße, in welchem sie wissenschaft in sich aufnähmen, zum dienste in ihren religiösen gemeinschaften unfähig würden. die protestantische kirche wenigstens (so weit überhaupt von ihrer existenz noch gesprochen werden kann) ist durch das aufrichtig gut gemeinte bestreben der regierungen für die wissenschaftliche ausbildung ihrer geistlichen zu sorgen, dahin gebracht, daß sie bald keine geistlichen mehr haben wird. denn so schweren bedenken die wissenschaftlichkeit der protestantischen fakultäten unterliegt, das haben sie doch mit dem minimum von kritik, das in ihnen zu finden ist, bewirkt, daß eine menge junger leute, die bei ihnen eingeschrieben gewesen sind — und nicht die schlechtesten —, wenn sie vor die frage gestellt werden, ob sie das ordinationsgelübde ablegen und in den dienst einer bestimmt verfaßten und geordneten kirche treten wollen, von der theologie ganz abspringen und lieber noch philologie oder medicin studieren, um nicht vor sich selbst zu lügnern zu werden. das haben sie bewirkt, daß der talar nur ein domino ist, unter dessen schutze so viele protestantismen und christentümer in die protestantische kirche eingedrungen sind als es protestantische kanzeln gibt. ob man aber dem katholicismus in dieser weise wird abbruch tun können, wie man dem protestantismus, ohne es zu beabsichtigen, abbruch getan hat, ist sehr die frage. katholiken, die priester werden wollen, gehn von einer ‚ganz bestimmten weltanschauung aus, von einer weltanschauung, wie sie in ähnlicher schärfe und folgerichtigkeit im orthodoxesten protestantenhause nicht gefunden wird, und solch eine weltanschauung erschüttert man nicht durch die wissenschaft, sondern man bestärkt sie. der kern des menschen ist nicht der verstand, sondern der wille: wer nicht sehn will, sieht nicht, und wenn alle professoren der welt auf ihn los bewiesen. selbst wenn man einen collegienzwang mit einem examenzwange krönen wollte, würde man nur erreichen, daß einzelne abbröckelten, und vielleicht erst in jahrhunderten würde der auflösungsprocess so weit gediehen sein, daß man die historische kirche als verschwunden betrachten könnte. denn es ist ein öffentliches geheimnis, daß die examinanden stets das antworten, was der examinator zu hören wünscht, und dabei ihre privatansicht ruhig *in petto* behalten. jeder junge mann sieht ein examen als eine schlacht an, und im kriege ist alles erlaubt. und vollends, wie man sich die katholiken vorzustellen liebt, muß man doch sagen, daß sie im stande sein würden, alle examenfragen so zu beantworten, daß man sie nicht durchfallen lassen könnte, und doch ihre eigne überzeugung im herzen zu bewahren.

Theologische vorlesungen, wie ich sie oben skizziert habe, können durchaus nur für die bestimmt sein, welche aus eignem antriebe sie zu hören sich entschließen. es ist keine frage, daß diese vorlesungen, wie jetzt die sachen stehn, zunächst nur für wenige sein werden: aber man sollte doch endlich die vorstellung aufgeben, daß auf dem gebiete des geistes die kategorien der quantität und der zahl irgend etwas zu suchen haben. in der idealen welt wird nicht addiert, sondern multipliciert: ist eine geistige bewegung nur erst im gange, so wächst ihre schnelligkeit und wucht im quadrat: es ist daher nur nötig anzufangen, alles andre findet sich. denke man doch, daß Schleswig-Holstein von Dänemark loszulösen zuerst der hart angefochtene gedanke Eines mannes gewesen, daß die einheit Deutschlands von wenigen und sogar nichts weniger als klaren köpfen gefordert, und die durchführung dieser forderung schließlich den regierungen von der ganzen nation aufgezwungen worden ist. und wie nur freiwillige die wahrheit suchen, so hilft auch gegen die lüge und unwahrheit kein zwang, sondern nur einmal das ernsthafte eigne streben wahrheit zu finden, von welchem die — allein die lüge wirklich tötende —

wahrheit stets gefunden wird, und zweitens das entschlossene isolieren der unwahrheit: man muß alle lebenselemente, die dieser aus der allgemeinen entwickelung zuflleßen und die sie verlogener weise als aus ihr selbst entsprungen darstellt, ihr unzugänglich machen, damit sie nur auf sich selbst angewiesen sei. das ist keine vergewaltigung, denn alle lüge behauptet wahrheit zu sein und aus eigner kraft zu leben: sie darf sich also nicht beklagen, wenn man sie beim worte nimmt und auf eignen füßen stehn heißt.

Aber der staat kann und soll für die nationale religion noch mehr tun als über die religion aufklären.

jeder arzt weiß, daß es einen unterschied macht, ob eine krankheit einen kräftigen oder einen schwachen organismus ergreift: nach der widerstandsfähigkeit, welche ein körper überhaupt besitzt, richtet sich im allgemeinen der ausgang oder wenigstens der verlauf der speciellen krankheit.

analog weiß jeder paedagoge, daß eine gesunde entwickelung nur der knabe haben kann, der in gesunden häuslichen verhältnissen lebt: daß es außerordentlich schwer ist, jemandem ein verständnis für dinge zu verschaffen, die gänzlich außer dem bereiche seiner anschauungen, seines lebens liegen: daß, wenn jemand kenntnisse über solche über seinen horizont hinausliegende, für ihn nirgends mit dem realen leben in beziehung stehende dinge erwirbt, diese meistens auf kosten seines charakters erworben werden.

es ist missionaren vielfach aufgefallen, daß negerknaben bis zu einer gewissen stufe — meistens wurde mir das vierzehnte lebensjahr genannt — sich sehr gut entwickeln, um dann völlig stehn zu bleiben. ähnlich sind jüdische schüler meist nur bis secunda ihren deutschen mitschülern voraus: später bleiben sie fast stets hinter jenen ebensoweit zurück, als sie früher ihnen voran waren.

alle diese erscheinungen weisen darauf hin, daß bildung — der ausdruck soll einmal hier noch ohne definition gebraucht werden — abhängt von der umgebung, in welcher der zu bildende lebt, daß in gewissen kreisen bildung gar nicht oder nur in beschränkter weise verbreitet werden kann.

wenden wir dies auf die vorliegende frage an, so hat der staat sich zu sagen, daß auch religion — so unangenehm dies dem orthodoxen wie dem liberalen bewußtsein sein wird, muß es doch heraus — nicht überall gedeiht, daß sie eine ihr zusagende atmosphäre braucht. es ist daher die aufgabe des staates zu fragen, ob, wenn er die religion selbst nicht hervorrufen kann, er wenigstens die atmosphäre zu schaffen vermag, welche auf das wachstum der religion, falls diese aus andern ursachen entsprossen ist, günstigen einfluß hat.

diese frage muß bejaht werden.

der staat muß überhaupt das leben in allen fällen von der idealen seite ansehn lehren, wenn er will, daß das volk religionsfähig bleiben oder werden soll: er darf vor allen dingen nicht unter dem scheine der idealität dem gemeinen egoismus des natürlichen menschen vorschub leisten.

und das tut er jetzt, indem er den besuch seiner schulen durch auf ihn gesetzte belohnungen befördert, indem er also das beste, was er geben kann, erziehung, auf eine linie mit Cöln-Mindenern und Rumäniern stellt, die nach dem zinsengenusse beurteilt werden.

man sehe sich den erlaß des herrn von Bethmann-Hollweg vom 6 october 1859 über die an den besuch der einzelnen realschulklassen geknüpften berechtigungen an, und bedenke, daß ähnliches für die gymnasien gilt. von den schülern der höheren lehranstalten Deutschlands besuchen drei fünftel die schule nur, um irgend einen berechtigungsschein zu erlangen: die hälfte tut es, um als einjährige freiwillige in das heer treten zu dürfen. diese zahlen beruhen auf ungefährer schätzung, da privatpersonen die amtlichen einschreibelisten der direktoren nicht erhalten können: sie werden sich (alumnate wie Pforte und das Ioachimstal sind billig nicht mit in ansatz zu stellen) in völliger genauigkeit gewinnen lassen, wenn man die zahl der abiturienten einer anstalt zu der zahl der von ihr überhaupt aufgenommenen schüler in proportion stellt: zufälligkeiten schließt man dadurch am sichersten aus, daß man den durchschnitt von zehn jahren — etwa ostern 1860 bis ostern 1870 — zu erlangen sich bemüht. wem dies zu tun nicht möglich ist, der möge sich kenntnis davon verschaffen, in welchem verhältnisse die zahl der aus untersecunda abgehenden zu allen untersecundanern steht. man wird sich, wenn man diese zahlen ernstlich überlegt, eine vorstellung davon machen können, wie es mit der idealität unsres nachwuchses beschaffen ist.

die monotonie in unsrer jugend ist schon jetzt erschreckend groß: wer mit der allgemeinen bildung in diese jungen leute hineindividiert, erhält fast nie einen rest. der universitätsunterricht muß von jahre zu jahre heruntergestimmt werden. bei der durch die berechtigungen und durch sie allein hervorgerufenen gründung von immer neuen schulen wächst das bedürfnis nach lehrern: die gemeinste mittelmäßigkeit wird in folge dieses bedürfnisses jetzt sofort angestellt, und vergiftet die schon vergifteten zustände noch mehr. geht das so nur noch kurze zeit fort, so wird Deutschland bald jeder idealität baar sein, wenn auch der äußere schein, daß es anders stehe, noch eine weile aufrecht erhalten werden kann. in dieser atmosphäre gedeiht religion nicht, und wenn sie ein engel vom himmel predigte. diese atmosphäre kann aber durch ein einziges reichsgesetz verbessert werden, welches alle berechtigungen ohne ausname aufhebt, oder — was nahezu dasselbe ist — an das abiturientenexamen der betreffenden anstalten knüpft. würde die verhängnisvollste dieser berechtigungen, die zum einjährigen dienste im heere, den abiturienten der in völlig unverantwortlicher weise hintangesetzten bürgerschulen so gut zu teil wie den abiturienten der realschulen und gymnasien, so würde damit allerdings der besuch der sämmtlichen höheren schulen auf ein viertel seiner jetzigen höhe beschränkt werden, aber wir würden, ganz abgesehn von andern vorteilen, in der wahrheit leben, während wir jetzt in der lüge sterben.

die grundlage, auf der die jetzige gesetzgebung ruht, ist eine falsche ansicht von der bildung, näher von dem werte der allgemeinen bildung. allgemeine bildung ist die specifisch deutsche gestalt der civilisation, civilisation aber ist nicht viel mehr als die anerkennung, welche die menge den momenten der kultur zu zollen sich darum gedrungen fühlt, weil sie wünscht, um den preis der äußeren anerkennung derselben von diesen momenten innerlich unberührt zu bleiben, civilisation ist mithin wesentlich schein und lüge, und darum der grimmigste feind aller religion.

dadurch, daß einerseits traurige politische verhältnisse die mehrzahl der Deutschen von der teilname an der geschichte ihres vaterlandes ganz ausschlossen und darum verdumpfen ließen, daß andrerseits immer von neuem fremde stoffe — religion, recht, kunst — eindrangen und nur von wenigen einigermaßen verarbeitet werden konnten, ist Deutschland dahin gekommen, unter bildung die aufname eines bereits fertigen bildungsstoffes, wie man zu sagen pflegt, zu verstehn, also in betreff des einzelnen menschen genau in den fehler zu verfallen, welchen das christentum mit seiner anschauung von der geschichte und dem ausschließlichen werte einmal geschehener tatsachen in betreff des ganzen menschengeschlechtes begangen hatte. daraus ergab sich, daß man bildung von oben her verbreiten konnte, daß sie sich in schulen mitteilen ließ, und daß man den menschen nach dem beurteilte was er wußte, statt ihn nach dem zu beurteilen was er war, daß mit einem worte bildung mit reichtum an kenntnissen und fertigkeiten gleichbedeutend wurde.

diese ansicht ist, obgleich sie für liberal gilt, in der widerlichsten weise junkerhaft: denn sie schließt die armen, die handwerker von der bildung aus, oder verurteilt sie zu einem papageientume, das sehr komisch wirken würde, wenn es nicht so tief traurig wäre.

jeder mensch ist einzig in seiner art, denn er ist das resultat eines nie wieder vorkommenden processes einziger art. darum ist schlechthin jeder mensch, der geboren wird, der anlage nach eine bereicherung seines geschlechtes und seiner nation, und darum gibt es für jeden menschen nur Eine bildung, die ganz speciell auf ihn berechnet und deren aufgabe sein muß, aus ihm das zu machen, was irgend aus ihm gemacht werden kann. so gefaßt ist bildung eine fortwährende vermehrung des geistigen wohlstandes der nation. auf sie hat jeder ein recht, der geboren wird: ein volk im wahren sinne des wortes ist nur denkbar als die gemeinschaft so gebildeter menschen, deren jeder an seinem platze zufrieden sein wird, weil er sein leben darauf einrichtet ihn auszufüllen, und weil er darum ihn liebt, eine gemeinschaft von menschen, die nicht in stände zerfallen, weil sie gar nicht nach dem materiale, mit dem sie arbeiten, und dem äußerlichen ergebnis ihrer tätigkeit, sondern nur nach der treue beurteilt werden, mit der sie an dem ihnen zuerteilten stoffe das selbst werden, was sie werden können. bildung ist jedem zugänglich, der den einzigen satz festhält, daß er jeden abend besser zu bette gehn muß, als er morgens aufgestanden ist.

diese anschauung der sache setzt fortdauernde geistige arbeit voraus, und darum hat sie keine aussicht auf weitere verbreitung. aber nationen bestehn nicht — die entgegenstehende ansicht ist freilich die herrschende — aus millionen: sie bestehn aus den menschen, welche sich der aufgabe der nation bewußt und darum im stande sind, vor die nullen zu treten und sie zur wirkenden zahl zu machen: aus diesem grunde genügt es, wenn die besten des deutschen volkes die eben ausgesprochene ansicht von der bildung haben, und wenn der staat, der doch nur in den händen der besten sein soll, sie zur richtschnur seiner einrichtungen nimmt.

X.

Der staat kann es mit aller neigung der religion vorschub zu leisten, nur bis zur mitteilung von kenntnissen darüber bringen, was die religion ist und nicht ist, er kann außerdem auf nichtreligiösem gebiete die idealität fördern, und dadurch im volke einen bestand an personen erhalten, welche religionsfähig sind. das ist viel: der einzelne Deutsche kann mehr als dies viele, und darüber mögen zum schlusse anhangsweise einige wenige worte gestattet sein.

Hier ist der ort vom evangelium zu reden und von dessen stellung zur religion. es muß versucht werden, durch eine analogie nicht-theologen klar zu machen, worauf es ankommt.

es gab eine zeit, ja sie ist sogar noch nicht allzu lange verschwunden, in der man meinte durch mehr oder weniger heftiges nachdenken sich über die schönheit, poetische, musikalische, plastische schönheit verständigen zu können. diesen standpunkt hat man aufgegeben, oft ohne sich über die gründe dieses aufgebens hinlänglich klar zu sein.

wir lassen jetzt diejenigen, welchen wir über das musikalisch schöne einsicht verschaffen wollen, Bach, Mozart, Beethoven hören und spielen, und gewöhnen sie so an die konkrete gestalt des musikalisch schönen, überzeugt daß, wenn in dem gemüte der so behandelten eine stelle ist, die von musikalischer schönheit getroffen werden kann, Bachs, Mozarts, Beethovens musik sie treffen und so im eigentlichsten sinne des wortes eine bekanntschaft mit dem musikalisch schönen vermittelt werden wird, das für uns stets nur als konkretes, abstrakt — als idee — nie vorhanden ist. ähnlich verfährt man jetzt in analogen fällen überall, und es ist nur billig einzugestehn, daß diese art des unterrichts im altertume und im mittelalter, woferne man nur auf das wesen der sache sieht, die allein herrschende war, und daß wir ihr alles verdanken, was wir aus früheren zeiten zu uns herübergerettet finden. am letzten ende ist dies verfahren von der art abstrahiert, wie wir unsre muttersprache lernen. die eltern setzen sich nicht an die wiege und deklinieren *der vater*, *des vaters*, sondern sie sprechen mit dem kinde, und weil das kind desselben geschlechtes wie die eltern ist, lernt es sprechen.

ganz genau ebenso wie mit dem schönen, der sprache und allem ähnlichen verhält es sich mit der religion. sie ist irgend einmal da — wie sie ins dasein getreten, ist uns ebenso unfindbar, als uns unfindbar ist, warum Bach das „ach komm, herr Iesu, komm" oder Beethoven den allegrettosatz in der a-dur symphonie geschrieben hat —: sie ist da, und weil wir derselben art sind, wie der, bei dem sie da ist (das ist der springende punkt), erzeugt sie sich in uns durch den umgang mit dem, in welchem sie vorhanden ist, neu.

idealer besitz ist einmal in seiner entstehung stets unerkennbar, er haftet zweitens stets an einer person, und er pflanzt sich drittens nur fort in einer lebensgemeinschaft.

das evangelium hat zuerst und zuletzt unter allen religionen die religion in inniger unzertrennbarer verbindung mit einer person gebracht, zuerst und zuletzt unter ihnen die einsicht von der notwendigkeit einer gemeinschaft, einer kirche, gehabt. am nächsten kommt ihm der Buddhismus: Zoroaster und Moses sind gesetzgeber, aber sie sind nicht was sie lehren, sie fordern: Iesus verkündet und stellt dar: das evangelium fällt in gewissem sinne mit seiner person zusammen. daraus folgt, daß ein hinausgehn über das evangelium undenkbar ist. aber es ergibt sich daraus auch, daß ein zurückgehn auf das evangelium nur möglich ist durch ein sich hinwenden zu einem träger des evangeliums, und daß wir es nur erfassen können in einem kreise, der es erfaßt hat.

dem staate und der nation fehlt Iesus als der träger des evangeliums, der allein es zu einem lebenskeime gemacht hat, fehlt die gemeinschaft evangelisch gesinnter, die evangelische kirche, welche allein das in einzelnen hie und da verstreut vorhandene leben sammeln, und durch die sammlung erhalten und wirksam machen kann.

diese mängel aber sind, wie alle mängel im menschenleben, keine veranlassung zu weinerlicher klage, sondern eine aufgabe.

es bleibt uns nichts übrig, als so gut es geht, das evangelium in uns persönlich — ich möchte noch lieber sagen: person — werden zu lassen, und so gut es geht, eine gemeinschaft mit allen gleichgesinnten herzustellen. mit dieser arbeit kann jeder in dem augenblicke anfangen, in dem ihm einleuchtet, daß sie nötig ist.

nur muß er sich dabei dreierlei klar machen.

jeder der gott folgen und gottes leben leben will, entsagt damit der welt und allem, was sie bietet und fordert. nicht, daß irgend ein geschaffenes an sich schlecht wäre: es ist schlecht nur, soferne es sich gegen den willen seines schöpfers geltend machen will oder an einer stelle herrscht, wo es nur zu dienen berufen ist. sclaven irgend eines geschaffenen zählt das reich gottes nicht zu seinen bürgern: wo gott herr ist, gebietet kein andrer herr. kein genuß, keine gewohnheit, kein verlangen ist für die kinder des reiches da, nichts als der dienst ihres gottes: alles, was zu diesem nicht indirekt, als mittel physische und geistige leistungsfähigkeit zu erhalten, oder direkt, als arbeit zur realisierung jener zwecke am eignen herzen und an andern, in beziehung steht, ist sünde.

zweitens: jede arbeit am reiche gottes setzt voraus, daß der sie treibende alle seinen überzeugungen entgegenstehenden ansichten für falsch hält. er würde einen verrat an der wahrheit begehn, wenn er andern zugeben wollte, daß sie ohne das auskommen können, was er selbst als unumgänglich kennt. er würde sich selbst berauben, wenn er das, was andre an geistigem leben haben und er entbehrt, nicht in sich verpflanzen wollte. geduldete ansichten gibt es im reiche gottes so wenig als erlaubte handlungen: es ist alles pflicht oder sünde, und alles in den eignen gedankenkreis aufzunehmen oder auch in andern zu verwerfen. toleranz hat nur den Einen sinn, sie als die zuversicht zu verstehn, daß das in jedem menschen als vorhanden vorauszusetzende gute sich als einen keim bewähren werde, aus welchem irgendwo und wann auch das gute ersprießen wird, das zur zeit in diesem menschen zu vermissen nicht intoleranz und nicht zu vermissen ein hohn auf die echtheit der eignen überzeugung ist.

drittens: wer wirken will, muß sich rechenschaft geben, ob das objekt, auf welches er zu wirken vorhat, überhaupt die beabsichtigte wirkung zuläßt. in morsches holz nagelt niemand: die nägel brächen aus. es ist unsinn, einen blinden vor ein microscop, einen einäugigen vor ein stereoscop zu stellen, einem tauben Beethoven vorzuspielen. jeder reichsgenosse hat die heilige pflicht, sich nicht auf die verbreitung der frömmigkeit zu beschränken, sondern jedes gute zu verbreiten, jedes böse zu bekämpfen: kein geistiges interesse darf ihm fremd sein, weil bei der solidarität alles guten und der nicht minder starken solidarität alles schlechten nichts auf geistigem gebiete nicht im zusammenhange mit allem übrigen ist und seine folgen allemal früher oder später auch die sphäre erreichen, die dem frommen hauptsächlich am herzen liegt: weil er mindestens die fähigkeit zur idealität im volke erhält, wenn er Einem idealen gute anerkennung verschafft, und weil in dieser fähigkeit des volkes allein die gewähr dafür liegt, daß seine anstrengungen dem evangelium eingang zu verschaffen, erfolg haben werden.

Deutsche haben wie andre tugenden so andre fehler, als andre völker: es ist natürlich, daß, wenn eine größere anzahl Deutscher sich ernstlich darangibt, sich in dem oben auseinandergesetzten sinne zu bilden, in stetem aufblicke zu gott das gute zu tun und ihre fehler zu bekämpfen, sie allerdings eine reihe individueller gaben entwickeln und eine reihe individueller misstände abstellen, aber auch eine nicht kleinere reihe solcher tugenden zu pflegen und solcher sünden abzutun sich bemühen wird, welche aus der nationalen anlage hervorgehn. diese menschen werden dann nicht allein über die tugenden und untugenden der nation, sondern auch über die mittel, welche jene fördern, diese töten, aus eigner erfahrung von tage zu tage und von jahre zu jahre klarer werden, und das evangelium, welches bei seinem ersten auftreten ganz allgemein menschlich erscheint, wird so allmälig und durch die arbeit der deutschen nation selbst, so zu sagen zu einer deutschen ausgabe kommen, die kein buch ist, zu einer wiederholung, die das Deutschland vorzugsweise nötige hervorhebt und entwickelt, und zwar, weil sie nur in menschen vorhanden ist, mit der persönlichen wärme, der herzlichen, zutulichen eindringlichkeit hervorhebt und entwickelt, die das hauptgeheimnis der ersten erfolge der kirche gewesen ist. jeder Deutsche, der es will, kann mehr und mehr dahin kommen, das evangelium in sich fleischgeworden erblicken zu lassen.

täusche ich mich nicht, so sind die formen, unter denen religion früher aufgetreten ist, alle verbraucht, und nur noch Eine übrig, die, gott im menschen zu erkennen und zu lieben, aber nur freilich nicht in dem natürlichen, sondern in dem wiedergebornen menschen.

XI.

Unser unglück besteht darin, daß wir mit unsern anschauungen im konflikte sind mit der formell zu rechte bestehenden religiösen gesetzgebung: daß wir kein organ haben, diese unzweifelhaft zu recht bestehende, aber ebenso unzweifelhaft zur plage gewordene religiöse gesetzgebung umzugestalten: daß wir diese gesetzgebung nicht vom standpunkte einer neuen religion, sondern von dem der kultur und meistenteils sogar nur von dem der civilisation aus kritisieren, und darum der kraft entraten, die auf uns lastenden religiösen satzungen anders loszuwerden, als durch den radicalismus, daß wir also den teufel durch Beelzebub auszutreiben versucht sind: daß wir religiosität, das heißt die mehr oder minder starke sehnsucht nach religion, mit religion, das heißt einer objektiven, nicht herbeigewünschten, sondern uns haltenden und bindenden, unsern willen unter umständen brechenden, jedenfalls ihm richtung gebenden, nicht nach dem zeitgeiste sich modelnden, sondern den zeitgeist neu gebärenden macht verwechseln: daß uns die formlosigkeit der vorhandenen religiosität, so wie die verschwommenheit und vielerleiheit der sich religiös nennenden anschauungen nicht beweisen, daß wir von wirklicher religion nichts besitzen.

wie wir jetzt sind, ermangeln wir des lediglich in der religion zu suchenden vermögens, die durch unsre geschichte verbrauchten und noch weiter zu verbrauchenden kräfte unsrer nation zu ersetzen: wir werden also — woferne wir nicht ein neues leben anfangen — als nation trotz aller siege und trotz alles im augenblicke noch vorhandenen, aber sich nicht ergänzenden reichtums an individuellem vermögen dem tode in dem maße verfallen, in welchem das kapital geistiger lebenskraft, welches wir von der natur mit bekommen haben, allmälig und zwar von jahre zu jahre schneller sich aufzehrt.

Unsre aufgabe ist nicht, eine nationale religion zu schaffen — religionen werden nie geschaffen, sondern stets offenbart —, wohl aber, alles zu tun, was geeignet scheint einer nationalen religion den weg zu bereiten und die nation für die aufname dieser religion empfänglich zu machen, die — wesentlich unprotestantisch — nicht eine ausgebesserte alte sein kann, wenn Deutschland ein neues land sein soll, die — wesentlich unkatholisch — nur für Deutschland da sein kann, wenn sie die seele Deutschlands zu sein bestimmt ist, die — wesentlich nicht liberal — nicht sich nach dem zeitgeiste, sondern den zeitgeist nach sich bilden wird, wenn sie ist, was zu sein sie die aufgabe hat, heimatsluft in der fremde, gewähr ewigen lebens in der zeit, unzerstörbare gemeinschaft der kinder gottes mitten im hasse und der eitelkeit, ein leben auf du und du mit dem allmächtigen schöpfer und erlöser, königsherrlichkeit und herrschermacht gegenüber allem was nicht göttlichen geschlechtes ist.

nicht human sollen wir sein, sondern kinder gottes: nicht liberal, sondern frei: nicht conservativ, sondern deutsch: nicht gläubig, sondern fromm: nicht christen, sondern evangelisch: das göttliche in jedem von uns leibhaftig lebend, und wir alle vereint zu einem sich ergänzenden kreise: keiner wie der andere und keiner nicht wie der andere: täglich wachsend in neidloser liebe, weil auf dem wege aufwärts zu gott wohl einer dem andern immer näher kommt, aber nie der eine den weg eines andern schneidet. das walte gott.

Von dem verfasser der vorliegenden schrift erschienen früher:

Didascalia apostolorum syriace. 1854.
Reliquiae iuris ecclesiastici antiquissimae syriace. 1856.
Analecta syriaca. 1858.
Titi bostreni contra Manichaeos libri quatuor syriace. 1859.
Geoponicon in sermonem syriacum versorum quae supersunt. 1860.
Clementis recognitiones syriace. 1861.
Libri veteris testamenti apocryphi syriace. 1861.

Appendix ad analecta sua arabica. 1858.
Die vier evangelien arabisch aus der wiener handschrift. 1864.
Materialien zur kritik und geschichte des pentateuchs. 1867.

Prophetae chaldaice e fide codicis reuchliniani editi. 1872.

Der pentateuch koptisch. 1867.

Reliquiae iuris ecclesiastici antiquissimae graece. 1856.
Hippolyti romani quae feruntur omnia graece. 1858.
Titi bostreni quae ex opere contra Manichaeos edito in codice hamburgensi servata sunt graece. 1859.
Constitutiones apostolorum graece. 1862.
Clementina. 1865.
Genesis graece. 1868.
Hieronymi quaestiones hebraicae in libro Geneseos. 1868.
Onomastica sacra. 1870.

Anmerkungen zur griechischen übersetzung der proverbien. 1863.
Gesammelte abhandlungen. 1866.
Beiträge zur baktrischen lexikographie. 1868.